中国物流专家专著系列

黑龙江省现代物流高质量发展对策研究

王　健　　尚云龙　董令三　冯雨芹　著

中国财富出版社有限公司

图书在版编目（CIP）数据

黑龙江省现代物流高质量发展对策研究／王健等著．—北京：中国财富出版社
有限公司，2023.11

（中国物流专家专著系列）

ISBN 978－7－5047－8022－5

Ⅰ．①黑…　Ⅱ．①王…　Ⅲ．①物流—经济发展—研究—黑龙江省

Ⅳ．①F259.273.5

中国国家版本馆 CIP 数据核字（2023）第 236148 号

| 策划编辑 | 谷秀莉 | 责任编辑 | 田　超　刘康格 | 版权编辑 | 李　洋 |
| 责任印制 | 梁　凡 | 责任校对 | 庞冰心 | 责任发行 | 杨　江 |

出版发行	中国财富出版社有限公司
社　　址	北京市丰台区南四环西路 188 号 5 区 20 楼　　邮政编码　100070
电　　话	010－52227588 转 2098（发行部）　　　010－52227588 转 321（总编室）
	010－52227566（24 小时读者服务）　　010－52227588 转 305（质检部）
网　　址	http：//www.cfpress.com.cn　　排　版　宝蕾元
经　　销	新华书店　　印　刷　北京九州迅驰传媒文化有限公司
书　　号	ISBN 978－7－5047－8022－5/F・3649
开　　本	710mm×1000mm　1/16　版　次　2024 年 5 月第 1 版
印　　张	10.25　　印　次　2024 年 5 月第 1 次印刷
字　　数	168 千字　　定　价　68.00 元

前　言

现代物流业作为支撑国民经济发展的基础性、战略性和先导性产业，是延伸产业链、打造供应链、提升价值链和发展现代产业体系的重要支撑，是由交通运输、快递、仓储、物流信息、物流金融、咨询等多个细分产业组成的复合产业。作为"第三利润源泉"，现代物流业承担着串联经济各部门并使之成为有机整体的重要作用，涉及领域广、发展潜力大、带动作用强，是经济与社会发展不可或缺的组成部分，深刻影响着经济与社会发展的质量和效益水平，对于推动全国统一大市场和现代流通体系建设，服务构建新发展格局，具有重要作用。

物流发展水平是衡量一个国家综合国力、经济运行质量和企业竞争力的重要指标。由于存在物流枢纽网络化不足、运行效率不高、产业融合发展不深、龙头骨干企业缺乏、口岸资源优势发挥不够、物流信息化水平较低等问题，2022 年黑龙江省社会物流总费用与 GDP 的比率为 15.2%，比全国平均水平高 0.5 个百分点。因此，本书以黑龙江省现代物流高质量发展为主旨，借鉴国内外先进地区发展经验，研究如何通过加快构建现代物流运行体系、增强市场主体活力、深化产业联动整合等措施来提高黑龙江省现代物流发展水平。探究现代物流带动黑龙江省经济发展的现实路径，对促进对俄跨境物贸体系的持续改善和推动产业结构升级具有现实意义。

本书阐述如何构建黑龙江省跨境物贸新体系以及如何提升黑龙江省跨境物贸体系新动能，探讨如何优化存量、提升贸易效率以及创新增量、扩大贸易规模，并进一步提出通过深耕黄金物流三角区来打造黑龙江省向北开放新高地，分析了国内外双循环格局与全国统一大市场双重背景下黑龙江省现代物流高质量发展面临的机遇与挑战，研究了如何构建"四江"联通的龙江大

1

航运体系以及内畅外联的东北亚国际水运大通道，探究了无人驾驶在中俄陆路通道过货能力提升中的创新应用，以期降低运营成本和提升通关效率。

本书旨在通过探究黑龙江省现代物流高质量发展中深层次问题的解决方案，引导物流从业人员思考如何解决现代物流高质量发展中存在的实际问题。本书写作过程中参考了国内外专家、学者的众多研究成果，在此向他们表示诚挚的谢意，并借此机会向对本书出版给予支持和帮助的所有人表示衷心的感谢。

由于作者水平有限，疏漏之处在所难免，敬请广大读者朋友批评指正。

作　者
2023 年 8 月

目　录

1 塑造黑龙江省跨境物贸体系新动能

1.1 研究背景

2020 年 5 月 14 日，中共中央政治局常委会召开会议，首次提出"构建国内国际双循环相互促进的新发展格局"。同年，习近平总书记强调，要"逐步形成以国内大循环为主体、国内国际双循环相互促进的新发展格局"。党的十九届五中全会通过的《中共中央关于制定国民经济和社会发展第十四个五年规划和二〇三五年远景目标的建议》，纳入"加快构建以国内大循环为主体、国内国际双循环相互促进的新发展格局"内容。

2020 年 5 月 18 日，《中共中央　国务院关于新时代加快完善社会主义市场经济体制的意见》提出，要"推动由商品和要素流动型开放向规则等制度型开放转变，吸收借鉴国际成熟市场经济制度经验和人类文明有益成果，加快国内制度规则与国际接轨，以高水平开放促进深层次市场化改革"。

2022 年 10 月 26 日，习近平总书记在中国共产党第二十次全国代表大会上作的报告中提出，"加快构建以国内大循环为主体、国内国际双循环相互促进的新发展格局"和"依托我国超大规模市场优势，以国内大循环吸引全球资源要素，增强国内国际两个市场两种资源联动效应，提升贸易投资合作质量和水平"。

在以上背景下，黑龙江省应全面贯彻新发展理念，发挥区域优势，推动跨境物贸组织创新，全力承接以国内大循环为主体、国内国际双循环相互促进的时代使命，维护国家五大安全战略地位，改善基础设施服务能力，提升运输通关组织效能，加快流通能力建设。围绕跨境物贸"换节奏、上体量、改方式、提效率"的总体思路，发挥政府政策引导和公共服务作用，发挥市场在资源配置中的决定性作用，发挥内外两种资源、两个市场的统筹联动作用，进一步降低市场转换制度成本，提高市场要素配置效率，促进内贸和外贸联动发展，主动塑造高质量的黑龙江省跨境物贸体系新动能。

1.2 发展基础

黑龙江省是我国东北地区与俄罗斯接壤的省份之一，拥有较长的边境线和诸多交通要道，在中俄经济贸易合作中发挥着至关重要的作用。在地理位置、贸易关系、产业互补、政策支持等方面都具有有利的发展基础，这为黑龙江省对俄贸易和经济合作的发展提供了良好条件。

1.2.1 俄方资源

俄罗斯远东地区资源储备丰富，已探明的能源总量占到全俄总体的80%以上，主要能源资源包括油气资源、煤炭资源、电力资源、林业资源、渔业资源以及农业资源等。其中，油气资源主要分布在萨哈（雅库特）共和国和萨哈林州两大油气盆地，萨哈林州油气田储量丰富，原油通过跨海输油管输送到共青城提炼加工；煤炭资源分布于各行政区，已探明的煤田近100处，已探明的煤炭储量超200亿吨，占俄罗斯已探明煤炭储量的40%左右；电力资源，俄罗斯远东地区河流纵横，中俄界河阿穆尔河（黑龙江）长4440公里，蕴藏着巨大的水力资源，可供修建总功率2000万千瓦的梯级电站；农业资源，俄罗斯远东地区土地资源丰富，农业主要分布在远东地区南部和贝阿铁路沿线地区，这些地区土地肥沃、日照时间长，目前俄罗斯远东地区仍有大规模的土地尚未开发，主要分布在哈巴罗夫斯克（伯力）边疆区和阿穆尔州；林业资源，俄罗斯远东地区森林面积达上亿公顷，木材储量超200亿立方米；渔业资源，俄罗斯远东地区海域是俄罗斯最重要的捕渔区，俄罗斯远东海洋渔船队总部设在滨海边疆区首府符拉迪沃斯托克（海参崴）市。

1.2.2　对俄贸易

基于俄罗斯远东地区丰富的资源，黑龙江省对俄贸易整体呈上升趋势。2022 年，黑龙江省货物进出口总值 2651.5 亿元，其中对俄进出口总值 1854.7 亿元，占比 69.9%。2018—2022 年，黑龙江省进出口总值累计约 9797.1 亿元，其中对俄进出口总值累计约 6632.7 亿元，年均增长率约 13%，累计出口额 549.4 亿元，累计进口额 6083.3 亿元（见表 1-1）。

表 1-1　　　　　2018—2022 年黑龙江省对外贸易情况

年份	进出口总值/亿元	对俄进出口总值/亿元			对俄进出口总值同期（与上一年度）比较/%	对俄进出口总值占对外进出口总值比例/%
		总值	出口	进口		
2018	1747.7	1220.6	74.6	1146.0	64.7	69.8
2019	1865.9	1270.7	100.0	1170.7	4.0	68.1
2020	1537.0	973.3	95.2	878.1	-23.4	63.3
2021	1995.0	1313.4	106.9	1206.5	34.9	65.8
2022	2651.5	1854.7	172.7	1682.0	41.2	69.9

数据来源：中华人民共和国哈尔滨海关。

按照进出口货物品类和货值（见表 1-2），2022 年黑龙江省对俄主要出口货物包括服装及编织制品、机械设备、农林牧渔业产品、电子设备仪器及元器件、化工原料及制品；自俄主要进口货物包括原油、天然气、木材、金属矿石、煤炭及制品。

表 1-2　　　　　2022 年黑龙江省对俄进出口货物品类和货值

进口货物品类	货值/亿元	出口货物品类	货值/亿元
原油	1182.0	服装及编织制品	49.1
天然气	267.3	机械设备	43.4
木材	75.8	农林牧渔业产品	20.8
金属矿石	40.0	电子设备仪器及元器件	13.3
煤炭及制品	28.0	化工原料及制品	12.6

数据来源：中华人民共和国哈尔滨海关。

1.2.3 跨境运输

1. 对俄通道运输

（1）通道货运

黑龙江省主要跨境通道包括哈绥北黑、哈佳双同、哈牡绥东、哈大齐（满），2019 年 4 个通道公路货运量约为 11711 万吨、铁路货运量约为 10547 万吨（见表 1–3）。

表 1–3　　　　2019 年黑龙江省四大跨境通道货运量　　　　单位：万吨

运输方式	哈绥北黑	哈佳双同	哈牡绥东	哈大齐（满）	合计
公路	847	2477	3795	4592	11711
铁路	1189	2251	2932	4175	10547
合计	2036	4728	6727	8767	22258

数据来源：根据公路、铁路运输管理部门提供的场站数据推算得出。

（2）中欧班列

2022 年中欧班列开行 1.6 万余列，同比增长 9%，其中，黑龙江省绥芬河口岸进出境 884 列，占 2018 年以来该口岸开行班列总数的 49.5%。2019— 2022 年中欧班列开行情况如表 1–4 所示。

表 1–4　　　　2019—2022 年中欧班列开行情况

年份	班列开行数量/列	同比增长/%	黑龙江省中欧班列开行情况
2019	8225	29	绥芬河口岸出入境班列 113 列
2020	12406	50	绥芬河口岸出入境班列 218 列
2021	15183	22	绥芬河口岸出入境班列 549 列
2022	16562	9	绥芬河口岸出入境班列 884 列

数据来源：远东路桥网站、央视网、新华丝路网。

（3）航空货运

2022 年哈尔滨太平国际机场国际货邮吞吐量 6498 吨，相比 2021 年同期降低 0.9%。2021 年哈尔滨太平国际机场国际货邮量 6555 吨，相比 2020 年同期增长 59.5%（见表 1–5）。

表 1-5 　　　　　　哈尔滨太平国际机场国际货邮量统计　　　　　单位：吨

类型	2018 年	2019 年	2020 年	2021 年	2022 年
出港货邮量	2067	3909	——	——	——
进港货邮量	2423	2247	——	——	——
合计	4490	6156	4100	6555	6498

数据来源：根据哈尔滨太平国际机场提供数据推算得出。

（4）口岸货运

按照边境口岸出入境运输方式，公路运输出入境口岸包括东宁、绥芬河、密山、虎林等，主要出口的货物种类有果蔬、海鲜、五金小百货、木材及相关制品；公路运输出境线路的辐射范围包括布拉戈维申斯克（海兰泡）、符拉迪沃斯托克（海参崴）及俄罗斯远东的其他地区。另外，黑河、逊克等作为水运口岸，每年 12 月到次年 3 月，通过浮箱固冰通道利用汽车跨境运输。

绥芬河铁路口岸为铁路运输出入境口岸之一，运输至俄罗斯境内的货物主要为石油加工产品和木制品，自俄进口货物主要为木材、煤炭、能源等大宗商品，辐射范围为我国全境；另外，自绥芬河铁路口岸出境的货物还包括通过俄罗斯远东地区港口出海、利用海铁联运方式运往日本的纤维纺织品、机械类产品，运往韩国的农产品、精细纺织品等。

水路运输出入境口岸有抚远、同江、黑河、逊克、饶河、萝北、漠河等，主要出口货物种类包括木材、水果、蔬菜、大豆、配件等。通过水路出境，铁水或汽水联运方式开展运输，辐射范围包括哈巴罗夫斯克、布拉戈维申斯克。2021 年各运输方式进出口总值如表 1-6 所示。

表 1-6 　　　　　　　2021 年各运输方式进出口总值　　　　　　单位：亿元

运输方式	进出口总值	出口	进口
水路运输	636.8	282.4	354.4
公路运输	134.2	122.2	12.0
铁路运输	174.1	19.7	154.4
航空运输	27.9	10.9	17.0
合计	973.6	435.2	537.8

数据来源：中华人民共和国哈尔滨海关。

2. 对俄边境口岸

截至 2022 年，黑龙江省共有一类口岸 27 个，因口岸重建、在建、拟建、航道等原因，边境开通的口岸为 16 个。总设计过货能力约为每年 9000 万吨，其中绥芬河口岸过货能力为每年 3850 万吨，同江口岸过货能力为每年 2560 万吨。2019 年主要口岸实际过货量为 1300 余万吨（不含管道运输），远低于设计进出口货运能力，目前口岸基础过货能力可以满足大批量货物运输需求。黑龙江省各口岸设计能力及开通情况如表 1-7 所示。

表 1-7　　　　　　　黑龙江省各口岸设计能力及开通情况

口岸类别	口岸名称	俄方对应口岸名称	设计能力		备注
			过货/万吨	过客/万人次	
水路口岸	黑河	布拉戈维申斯克	200	300	边境开通
	逊克	波亚尔科沃	100	50	边境开通
	饶河	波克罗夫卡	200	50	边境开通
	抚远	哈巴罗夫斯克	120	50	边境开通
	同江	下列宁斯阔耶	460	50	边境开通
	萝北	阿穆尔捷特	45	10	边境开通
	漠河	加林达	10	2	边境开通
	嘉荫	帕什科沃	100	20	边境开通
	哈尔滨	共青城等	50	—	已丧失港口功能
	佳木斯	共青城等	60	—	停航未运行
	富锦	共青城等	100	5	内河停运
	呼玛	乌沙科沃	50	5	边境未开
	孙吴	康斯坦丁诺夫卡	—	—	边境未开
航空口岸	哈尔滨	—	17	225	开通
	佳木斯	—	—	30	开通
	牡丹江	—	200	50	开通
	齐齐哈尔	—	—	70	停航未运行
铁路口岸	绥芬河	波格拉尼奇内	3300	100	边境开通
	哈尔滨	—	600	100	开通
	同江	下列宁斯阔耶	2100	—	边境开通

续　表

口岸类别	口岸名称	俄方对应口岸名称	设计能力		备注
			过货/万吨	过客/万人次	
公路口岸	密山	图里洛格	50	5	边境开通
	虎林	马尔科沃	260	100	边境开通
	绥芬河	波格拉尼奇内	550	600	边境开通
	黑瞎子岛	哈巴罗夫斯克	—	—	建设中
	黑河	布拉戈维申斯克	620	285	边境开通
	东宁	波尔塔夫卡	100	50	边境开通
步行口岸	黑河	布拉戈维申斯克	—	—	边境开通
合计			9292	2157	—

数据来源:《黑龙江省人民政府关于印发黑龙江省口岸中长期发展规划的通知》(黑政发〔2021〕1号)。

3. 口岸物流枢纽(场站)

根据现有中俄两国边境口岸实际情况,口岸物流枢纽(场站)一般以农产品作为主要储运对象,并利用俄罗斯远东地区辽阔的土地资源开展农作物种植,其中有标准化仓储设施及装卸设备的口岸物流枢纽(场站)比例较小,中俄两国口岸物流枢纽(场站)联通性较差。境外经贸园区名单如表1-8所示。

表1-8　　　　　　　　　　境外经贸园区名单

类型	境外园区名称	地点	项目主体
农业产业型	中俄(滨海边疆区)现代农业产业合作区	俄罗斯滨海边疆区	东宁华信经济贸易有限责任公司
	滨海华宇经济贸易合作区	俄罗斯滨海边疆区	东宁华信经济贸易有限责任公司
	华洋境外绿色农业园区	俄罗斯滨海边疆区	东宁华洋贸易有限公司
农业产业型	黑河北丰中俄阿穆尔农业(畜牧)产业园区	俄罗斯阿穆尔州	黑河市北丰农业科技服务有限公司
	春天农业产业经贸合作区	俄罗斯犹太自治州	牡丹江盛弘源经贸有限公司
	阿穆尔综合园区	俄罗斯犹太自治州	黑龙江超前区工贸有限公司
	阿穆尔木业综合园区	俄罗斯阿穆尔州	—
	新友谊境外农业开发产业园区	—	—

类型	境外园区名称	地点	项目主体
资源利用型	俄罗斯龙跃林业经贸合作区	—	牡丹江市龙跃经贸有限公司
	别列佐夫卡石化建材加工园区	俄罗斯阿穆尔州	梦兰星河能源股份有限公司
	俄罗斯北极星林业经贸合作区	俄罗斯后贝加尔边疆区	黑龙江兴邦国际资源投资股份有限公司
	鹏瑞境外林业采伐加工园区	—	绥芬河市鹏瑞经贸有限公司
	曲美中俄远东经贸合作区	—	绥芬河曲美木业发展有限公司
	中俄坎斯克森林资源经贸合作	俄罗斯克拉斯诺亚尔斯克边疆区	哈尔滨亚布力木业有限公司
加工制造型	俄罗斯乌苏里斯克（双城子）经贸合作区	俄罗斯滨海边疆区	康吉国际投资有限公司
	跃进高科技产业园区	—	绥芬河市跃进经贸有限责任公司
商贸流通型	阿穆尔州和兴商贸物流园	俄罗斯阿穆尔州	黑河和兴经贸有限公司

1.3 存在的问题

黑龙江省开展跨境物贸的对象主要为俄罗斯，为优化全省跨境物贸流通环境，实现中俄产业互补，打造规模化全产业链，基于现有的俄罗斯物流贸易情况，需对存在的问题进行梳理和分析，目前存在的问题如下。

1.3.1 中俄设施不配套，降低了物流效率

1. 跨境运输存在缺陷，货物未能高效流转

（1）公路口岸方面

密山、虎林、绥芬河、东宁 4 个边境口岸，总设计过货能力为 960 万吨每年，2019 年 4 个口岸实际过货量为 174.4 万吨。实际过货量与设计过货能

力存在差距的主要原因是，黑龙江省主要对俄边境地区为俄罗斯远东地区，出口的主要货物为果蔬、日用品，人口基数小导致需求有限。当地进口相关商品的对应国家除中国外还包括日本、韩国、越南、马来西亚、印度等；日本、韩国主要提供的是高端日用品；越南、马来西亚、印度等主要提供中低端日用品。以上现实导致我国在俄罗斯远东地区的商品市场份额逐年递减。2016 年，《俄罗斯远东地区土地免费配发法案》的颁布及实施，使俄罗斯远东地区居民积极开发土地、参与果蔬种植，因此俄罗斯远东地区在果蔬产品需求方面自给自足的占比加大，能够替代部分自我国进口的果蔬产品，导致我国出口至俄罗斯远东地区的果蔬数量下降。而大宗货物，自黑龙江省口岸进境的数量较少，大部分都通过更加优惠的水路运输方式经远东海运口岸出海，对接我国南方地区及欧洲地区各港口，提供给相应的加工企业。我国建设口岸的基础标准超前于俄罗斯远东地区的实际需求，从而导致了实际过货量与设计过货能力的差距。

（2）铁路口岸方面

铁路边境口岸包括绥芬河、同江 2 个，均已开通，其中绥芬河口岸自开通以来，中俄铁路轨道标准不统一、口岸换装能力不足、俄境内铁路缺少复线等影响了货物转运效率，实际年货运量远低于绥芬河 3300 万吨的设计过货能力。同江口岸还在逐步建设中，没有达到全部运营状态。

（3）水路口岸方面

黑河、逊克、饶河、抚远、同江、萝北、漠河 7 个边境口岸，总设计过货能力为 1135 万吨每年。黑龙江省主要水路口岸均有货运码头，并且港口基础设施能够满足当前货物运输需求，但是，俄罗斯远东地区的货运港口落后，限制了黑龙江省对俄水路运输需求。其中，黑河口岸设计过货能力为 200 万吨每年，但 2019 年实际过货量为 74 万吨；同江口岸设计过货能力为 460 万吨每年，由于对应的下列宁斯阔耶货港未开通，仅有轮渡船舶运行（中俄双方各派一艘轮渡），用以倒运过境货物，夏季口岸驳船运输普遍一天对发 1 班、往返 4 趟，平均每班最多可运载 7 台货车（车货总重 40～44 吨），口岸平均查验车辆 14～16 辆次/天，实际年进出口货运量历史最高仅为 71.27 万吨。水路口岸未能发挥大型船舶低成本的水路运输优势，导致水路口岸过货量一直未能有所突破。

（4）航空口岸方面

作为国际枢纽机场，哈尔滨太平国际机场的辐射能力较为薄弱，国际航空货运基础设施发展滞后，服务保障能力不成熟，国际航点数量少，航线密度偏低，航线网络尚未形成，全货机执飞航线数不足。

2. 跨境枢纽少、联动差，布局缺乏系统性

"十三五"期间，黑龙江省新增 8 个货运枢纽，截至 2019 年年底，全省共有等级货运站 134 个，其中三级及以上物流场站 48 个（一级 20 个、二级 16 个、三级 12 个）。

经过地市枢纽调研发现，省内标准化、规范性的物流枢纽数量偏少，其中 5 个对俄主要口岸城市现有物流枢纽及哈尔滨国际航空枢纽发展普遍滞后，具备国际物流功能的枢纽较少且相互独立，未能形成社会化资源共享及联动。2020 年主要口岸物流园区（场站）情况如表 1-9 所示。

表 1-9　　　　2020 年主要口岸物流园区（场站）情况

序号	名称	位置	功能	备注
1	黑河月星中俄跨境物流枢纽	黑河市黑龙江自贸试验区黑河片区	物流仓储、智慧管控、商务金融、公共服务、酒店公寓等复合型功能	在建
2	黑河国际口岸物流园区	黑河市二公河工业园区	国际物流集散转运中心	在建
3	黑河保税物流中心（B 型）	黑河市黑龙江自贸试验区黑河片区	保税仓储、国际物流配送、简单加工和增值服务、检验检测、进出口贸易和转口贸易、商品展示、物流信息处理、口岸及物流中心出口退税	在建
4	黑河和兴仓储物流基地	黑河市黑河火车站附近	黄豆、玉米等多种粮食作物的仓储服务	运营
5	黑河电商（黑河跨境电子商务产业园区）	黑河市二公河工业园区内	为大型进出口企业搭建平台，为创业者提供孵化温床	运营

续　表

序号	名称	位置	功能	备注
6	中俄丰泰机电产品物流园	黑河市合作区工业园区内	进出口机电设备	运营
7	星河产地物流仓储中心	黑河市紧邻202国道	冷库、物流货站等，未来将打造成黑河规模最大的农业机械、工业机械物流仓储中心	运营
8	黑河和兴国际集装箱货场	黑河口岸	为国内外客户提供在俄罗斯全境的集装箱发运服务	运营
9	黑河市公路货运站（黑河口岸物流园区）	黑河市城市南部黑河油库东侧、二公河北侧	农产品、机械	运营
10	哈森物流园	黑河市爱辉区铁路街408号	物流、快递	运营
11	晶都冷链物流产业园	佳木斯市同江市津山路（循环经济园区内）	冷链物流园区的开办与管理、货物运输、仓储服务、场地租赁、货物代理、装卸服务、分批包装、农副产品的加工及销售；自营和代理各类商品和技术（国家限定公司经营和禁止进出口的商品及技术除外）的进出口业务，以边境小额贸易方式面向毗邻国家开展各类商品及技术（国家限制和禁止进出口商品及技术除外）的进出口业务	运营
12	新远东国际物流园区	佳木斯市同江市城市管委会友谊路南	提供国际、国内贸易货物区域分拨服务；为同江市及周边企业、个人提供仓储、运输、货代等物流服务；为省内外集装箱提供集中、转运服务；为进出口货物提供海关监管服务；面向物流企业，为其提供信息配载服务，打造同江市最大的物流产业集聚发展基地和公共信息平台；依托同三高速公路和铁路干线，构建公铁一体化的综合货运枢纽	运营

序号	名称	位置	功能	备注
13	抚远江海港国际仓储有限公司	抚远市抚远镇正阳路 241 号；园区位于莽吉塔港	国际船舶代理业务、仓储业务、装卸业务、进出口贸易，水产品等食品、木材加工及销售；代办铁路运输业务；煤炭进出口、煤炭批发和零售、自营和代理各类商品和技术（国家限定公司经营和禁止进出口的商品及技术除外）的进出口业务；以边境小额贸易方式面向毗邻国家开展各类商品及技术（国家限制和禁止进口的商品及技术除外）的进出口业务；商务服务	运营
14	抚远粮食仓储物流园区	抚远市浓桥镇	粮食仓储、加工、运输	运营
15	抚远冷链物流园区	抚远市通港路 10 号	一是完善口岸功能，发挥黑瞎子岛的窗口作用，发展江海联运，培育现代物流企业，构建物流集散和配送中心；二是大力发展抚远特色渔业，通过本地淡水鱼捕养结合、俄罗斯境外引进，在抚远形成水产加工业，促进水产加工业的提档升级和产业化发展，成为集冷链物流、加工、换装库于一体的国际综合物流园区	在建
16	绥芬河富民铁路互市贸易物流园区	绥芬河市保税区围网以东与乌苏里大街围成区域	依托中俄国际通道，以绥芬河口岸为核心，以富民铁路为基底，完善基础设施，建立铁路与公路等多式联运的综合跨境货物枢纽，提供仓储管理以及货物的多式联运、集装箱运输、装卸搬运、信息服务等物流服务	运营
17	绥芬河互贸（国际）物流加工园区	绥芬河市 G311 国道和规划十七街交界处，边合区规划十路、规划十六街、规划十七街围合处	开展自俄进口大豆、亚麻籽、葵花籽和油菜籽等油料加工服务	在建

序号	名称	位置	功能	备注
18	绥芬河国际综合物流园区	绥芬河市乌苏里大街南侧、公路口岸西侧	集"国际物流的公路货运枢纽、互贸区、现代国际展贸中心、现代物流中心、现代物流信息平台和现代国际电子商务平台"于一体的国际物流园区	在建

1.3.2　口岸物流服务能力不强，影响产业链物流成本

1. 中俄口岸查验能力不匹配

以绥芬河公路口岸为例，按照其年设计过货能力为550万吨计算，每年通关300天、每日通关24小时、每台车载重25吨，每小时中方口岸可通车30余台。但经统计，疫情前，俄方波格拉尼奇内公路口岸每小时最高查验车辆约17台。两方口岸查验能力极不匹配，通关效率及时长不能满足通道货物有效通关需求。

2. 中俄公路运输装备标准不统一

按吨位计算，中方公路运输限重55吨/车（车货总重）、俄方限重44吨/车（车货总重）；按尺寸计算，中方车辆总长不能超过17.5米、俄方车辆总长不能超过20米。由于中俄双方主要运输品类为果蔬、日用品等轻抛货物，因此车长比较有优势的俄方车辆装载货物数量更多。由于标准差异化，中俄双方车辆无法合法在对方境内通行，因此增加了换装环节，导致效率降低，严重影响产业链物流成本。

1.3.3　跨境物贸组织完全市场化，未能实现规模优势

黑龙江省物贸领域中小微企业居多，进出口货物组织及市场主体分散，无序竞争情况较为突出，中方企业自身的竞争抬高了自俄进口商品的价格，且无法实现统筹控制，失去了对俄物贸流通的成本优势。另外，中俄跨境铁路运输中，俄方段运输常常有个人代理公司另行收取运输中介费，垄断经营，随意调价，致使中俄运输通道的整体物流成本过高，以绥芬河至东方港的铁路为例，其运费是俄罗斯远东地区西向铁路运费的5~6倍。

1.3.4 两国产业存在同质化竞争，缺乏互补性差异化引导

1. 省内口岸同质化竞争

黑龙江省内各口岸地理位置相对较近，货物种类较为相似，市场竞争激烈，尤其是在东北地区经济发展相对滞后的情况下，各口岸激烈的价格竞争、品牌竞争、市场占有率争夺等问题普遍存在。省内各口岸同质化竞争严重，未能利用各口岸区域产业特点形成独特的产业优势及聚集效应，例如，绥芬河口岸在对俄罗斯及东北亚经济合作中，面临黑龙江省内外同质化口岸强劲的竞争挑战，转型发展任重而道远。

2. 市场需求类似，导致产业链竞争

黑龙江省与俄罗斯远东地区同为两国边境地区，是两国大宗商品主要进出口转运地，从产业发展角度看，两地仅参与产业链里原材料至生产端的运输环节，而且两地需求市场很大程度上重叠，导致产业链竞争激烈。

3. 中俄跨境运输方面的竞争

受规定制约，我国载货汽车最高使用年限为 15 年，挂车最高使用年限为 20 年，俄罗斯货运车则没有相关规定，俄罗斯人还可以购置国外二手货车，这导致我国货运车辆的购置成本及使用成本高于俄方。俄方交警、海关、内务部等相关部门针对中方运输车辆及驾驶员设置了一些通行限制，例如，我国车辆自俄方返回时，在俄方口岸只能等俄方货车全部通关后才能通关，导致我国车辆在俄方可能滞留 15~20 天。

为优化全省跨境物贸体系结构，突出黑龙江产业优势，培育以矿产、粮食等大宗商品为基础的产业新动能，需通过强化商品运输基础配套设施、提升跨境物贸组织体量、整合境内外市场资源、创新通关模式及政策支持等手段推动产业转型升级。

1.4 近期发展思路

1.4.1 完善跨境基础设施，促进资源网络化发展

优化省内主要通道，如哈绥北黑、哈佳双同、哈牡绥东、哈大齐（满）

的通行质量，积极对接"滨海1号"国际交通走廊，提升货物运输效率，形成黑龙江陆海联运通道。

（1）鼓励具有一定投资能力的企业参与哈尔滨、齐齐哈尔、绥芬河、同江、抚远、黑河等重点口岸跨境物流枢纽布局建设，配套公路、铁路连接线等基础保障设施，服务对俄大宗商品等的进出口贸易；大力推动边境口岸绥芬河、同江、黑河等互市贸易产业发展，用好国家边民互市贸易政策，完善边民互市贸易基础设施，建成面向俄罗斯及东北亚的现代化口岸。

（2）提高通关能力，推进口岸及后方线路等配套设施建设，提升中俄黑河—布拉戈维申斯克界河公路大桥（以下简称黑河公路大桥）、同江中俄黑龙江铁路大桥（以下简称同江铁路大桥）运营效能。黑河公路大桥和同江铁路大桥是中国东北地区与俄罗斯国际物流调运和贸易往来的重要突破口，在促进边境地区经济发展、扩大产业链商品基础运输范围、提高国际物流服务水平、增加就业机会等方面都起到重要的作用。

（3）支持黑龙江省内沿线各港口优先于本土货物运输，发挥水运口岸及水上运输没有"天花板"的优势，扩大大宗资源、能源类货物流通能力，借助水运口岸由点向面的网络化辐射能力，开通水铁联运中欧班列新通道。以同江、抚远、黑河等港口为试点，由相关部门牵头，鼓励省内大型企业合作扩能及稳定运营水铁联运跨境运输线路。

（4）推动省内中欧班列稳定增量，一是相关部门牵头，争取增加黑龙江省中欧班列计划班次，增加省内本土货物的班列出口份额，促进黑龙江省对俄跨境物贸产业发展；二是扩大绥芬河铁路口岸换装对象范围，除了中欧班列进出口货物，将省内对俄跨境运输货物均提前至绥芬河口岸换装；三是利用中方对俄进口海产品、出口果蔬的旺盛需求，增加口岸物流枢纽相关产品的储运、加工功能，并推动开通"符拉迪沃斯托克（海参崴）—哈尔滨"农副产品、水产品班列，组织相关企业完成班列集货、转运等，满足冷链专业服务及时效需求。

（5）以满洲里口岸为支撑，以哈尔滨、绥芬河口岸等为集散中心，整合现有公路资源及能力，发挥市场主体灵活性，组织具有资质及能力的企业，推动开展全国各地通过满洲里至俄罗斯的汽车整车货物运输、国际零担货物运输业务，并结合实际情况推进 TIR（国际公路运输）业务。

（6）推动哈尔滨国际航空货运枢纽建设，黑龙江省相关部门应积极推动省航空产业投资平台的搭建工作，在实现对俄航线稳定运营的基础上，开通并运营哈尔滨至北美洲及欧洲的航空货运航线。整合中俄双方产业发展要素资源，基于优势互补原则，构建跨境物贸合作组织，推动产业升级。

1.4.2　加强中俄标准对接，提升商品通关效率

做好运输载具、通关流程、检验标准等统一对接工作，方便产业链上下游国内国际企业协作衔接。

（1）加快我国黑龙江省与俄罗斯双方口岸对接，强化边检互认机制，加强海关、边检、运输、税务等部门协同合作，成立各行业主管部门参与的专项工作推进小组。

（2）优化省内口岸海关设施，参与并推动俄方海关设施同步升级改造，使中俄双方口岸基础服务能力统一配套；简化流程，同步两国口岸海关服务时间等，推动公路、铁路口岸查验通关对等化。

（3）按照货物品类设置专项查验通道，分区分类做好口岸消杀、抽样检验等工作，把好进境货物关口。

（4）做好中俄两地运载工具、装卸设备、口岸储运场所设备等标准的统一工作，减少货物在途转运环节及时间。

1.4.3　明确大宗商品产业链结构，引导境内外产业联动

满足中俄双方市场需求，合理引导境内外产业联动，形成产业差异化发展格局，持续夯实做强中俄商贸流通、产业互动和市场稳定的需求能力，织密合作共享路径，强化相互促进渠道，增进互信互认共识。针对俄罗斯远东地区矿产、粮食等资源，构建高效、合理的大宗商品产业链条，实现"两个市场、两种资源"的合理利用和互补。

（1）形成煤炭、粮食等大宗商品进口组织方案。利用对俄水路、铁路、公路等口岸基础条件，形成适合大宗商品进口的组织方案，明确货源组织、货物运输、贸易交易等环节的主体，进一步确立黑龙江省对俄通道在我国对

俄物贸中的重要地位，形成稳定的境外大宗商品输入通道。

（2）推动跨境粮食"供、产、销"全产业链方案研究。结合中俄双方在农产品仓储加工领域的交易需求，依托黑龙江省对俄区位特点，打造两国双园体系，构建跨境农产品产业基地；引导骨干企业围绕境外种植、收储加工、俄粮回运和产品营销 4 个环节，开展跨境粮食"供、产、销"全产业链方案研究，对俄境内种植的农产品实行订单农业模式，形成从种植到仓储加工到跨境运输到国内市场交易的"中俄农业全产业链条"。为实现跨境物贸"扩动能、上体量"的目标，必须实行信息、物权、资本、交易链式管理，逐步形成网络化、双循环物贸组织管理形式。

1.4.4 完善跨境运输设施，畅通物贸组织渠道

目前黑龙江省口岸、通道、场站等基础设施能够满足短时期内"物贸上量"的要求，制约中俄双方物贸体量、难以满足市场需求的主要原因是跨境基础设施完善程度及服务能力的对等性、通道整体顺畅度不够，中方企业在俄方境内的可用物流组织保障体系没有建立起来。

在提升中方能力的同时，需要让一批有影响力的、有一定投资能力的中方企业先行走出去，通过整合资源，做好产业升级及运力调整，培养境外物贸组织能力和物流基础设施控制能力，完成境外物贸组织保障体系建设。支持企业在俄罗斯远东地区沿海、沿江口岸城市布拉戈维申斯克、下列宁斯阔耶、哈巴罗夫斯克、符拉迪沃斯托克（海参崴）（纳霍德卡、斯拉夫扬卡等铁路沿线出海港口）等布局并投资基础设施项目，进而达到"控货、控局、控量、控链"的风险管理目标，改变黑龙江省跨境物贸企业"多小散弱"的现状。

1.4.5 创新货运通关模式，应对后疫情时代要求

提升跨境运输效率，研究、创新跨境运输方式、思路。

（1）利用集装箱整箱运输的便利性，增强我国货运车辆相对于俄罗斯本地货运车辆的竞争力优势，规避甩挂运输方式中中俄两国车辆规格不一致的缺陷。

（2）探索无人驾驶通关模式的可行性，以黑河、密山等口岸为试点先行先试，真正做到连续性、无人化运输，保障商品不断链。

1.4.6　组建国际商务团队，顺利开展跨境贸易

为做好国际贸易及跨境运输衔接及沟通工作，快速开展对俄业务、布局对俄跨境产业，东北地区相关大型平台企业应牵头组建国际商务团队。

（1）鼓励企业积极与海外的中资市场主体沟通，利用其海外资源、专业人员和技术，合作组建国际贸易专业团队。

（2）相关部门应积极与各级外事部门及侨联联络，从社会渠道吸收具有经验和影响力的国际贸易特殊人才，充实队伍。

1.5　远期前景展望

1.5.1　加强资源要素整合，完善跨境产业体系

强化国际贸易企业境外资源整合能力，明确其在对俄跨境物贸活动中的能动作用，打破俄籍船运公司在运输价格、货物排期等方面的垄断，推动跨境运输、贸易、加工等产业链相关企业形成战略联盟，设立海外中转仓，掌握主要货物转运港口的主动权，构建跨境物贸体系，提升江海、铁海联运转运能力，保证黑龙江省借助俄罗斯打造"中外外""中外中"运输通道的稳定性。

1.5.2　打造跨境物贸平台，联通产业链各节点

与流通节点资源要素整合能力培育工作同步推进的工作如下：依托黑龙江省现有信息平台或大数据中心，基于"实体与平台相依托、线下与线上相结合"原则，加快平台企业发展步伐，以市场化模式推动东北亚物流信息港建设，打造包括信息共享、交易服务、物流协同、信用保障等子系统在内的东北亚数字交通走廊，促进对俄产业链物流、商流、信息流、资金流高效流动、互联互通。联通产业链上下游各节点，共同推动黑龙江省跨境物贸交易稳步提升，带动黑龙江省对外经济发展，使其成为跨境物贸产业链的信息处理及交流中心。

1.5.3　搭建综合运输体系，实现产业链辐射延伸

一是搭建国际航空产业体系，打造航空生态全产业链。构建以哈尔滨临

空经济区为核心的全省国际航空产业体系，打造包括国际航空货运基础业务、地面配套服务及临空产业等在内的航空生态全产业链。

二是打造"通极达海"的海陆空综合运输体系：东联符拉迪沃斯托克（海参崴）通日本海，西通俄罗斯腹地及欧洲，北向贯通俄罗斯雅库茨克等北极开发支撑区，南向畅联京津冀与渤海湾。

三是构建东北亚国际水运大通道。打破省内围绕铁路发展经济的思路，开通"松辽运河"，构建联通松花江、黑龙江（阿穆尔河）、辽河等水系的东北亚国际水运大通道，形成近 7000 公里的河流网络和承载巨大潜能的生态经济长廊。丰富商品运输渠道，扩大流通范围，实现产业链组成要素的不断优化及扩充。

1.5.4 引入新型跨境运输方式，优化运输结构

充分挖掘管道运输品类，利用浆体管道运输煤炭等商品，减少人工介入和转运流程；充分利用对俄地缘优势和气候条件优势，如在黑龙江省距离俄罗斯江面较窄处，冬季可用皮带机运输煤炭、粮食等商品，真正做到连续性、无人化运输，驱动跨境产业加速发展。

1. 管状带式输送机

以黑河水运口岸为例，为解决冬季冰封期煤炭、粮食等大宗商品运输问题，可以采用冰上架设封闭式管状带式输送机的方案。考虑到冬季冻胀等因素，桁架可以用铰链连接，跨江管状带式输送机部分及两端引导皮带输送机部分总计约 2000 米，单向输送能力约 2000 吨/时，预计投资 4000 万～6000 万元。

2. 低速无人驾驶设备

目前我国应用无人驾驶设备的有策克口岸、甘其毛都口岸、满都拉口岸等。根据中蒙陆路各口岸日报数据，2022 年内蒙古自治区口岸共完成进出境货运量 5842.2 万吨，三大口岸进出境货运量均处于增长态势，分别同比增长 144.7%、31.2%、89.4%。由此可见，无人驾驶设备可显著提升货运量，黑龙江省应积极引入。

2 构建黑龙江省跨境物贸新体系

黑龙江省应以筛选后的省内跨境物贸潜在资源为基础，整合跨境通道、场站、交通基础设施、信息化平台、具备相关资质的单位和企业等资产资源，打通跨境壁垒，挖掘潜在价值，提升产业能级，构建系统科学、快速高效、大进大出的跨境物贸综合产业体系。

2.1 项目背景

2.1.1 对俄贸易情况

自改革开放以来，黑龙江省逐渐形成了较为稳定的跨境物贸能力。2022年，黑龙江省前五大跨境贸易伙伴国家分别为俄罗斯、巴西、美国、新西兰、澳大利亚，其中与俄罗斯的双边贸易额占贸易总额的比例高达70%左右，而且双边贸易未来需求巨大，趋势利好，发展前景可期。

对俄物贸能力建设是黑龙江省承接国家战略、活化产业经济、打造区域动力系统、全方位振兴的重要途径，但目前"小规模政策牵引和区域性局部市场驱动"的结果不够理想。2022年，黑龙江省对俄进出口贸易额1854.7亿元，仅占中俄双边贸易额12761亿元的14.5%。

2.1.2 俄乌冲突影响

俄乌冲突对我国商贸流通带来较大影响。俄乌冲突后，中俄在能源供应、农产品贸易、军事技术、远东开发、文化艺术交流等领域加强合作。俄罗斯邀请中国一起开发远东地区，这既是俄罗斯国家战略的改变，也是远东地区的发展需要，这给黑龙江省带来了极大发展机遇，黑龙江省跨境物贸产业体系亟待补齐短板、消除壁垒、提升能级，亟须整合资源、确立主体、系统发力。

2.1.3 政府政策导向

对于建设开放黑龙江，黑龙江省委书记在中国共产党黑龙江省第十三次代表大会上作了题为《奋进新征程 再创新辉煌 为实现黑龙江全面振兴全方位振兴而奋斗》的报告，报告提出："开放合作新平台加快建设，立体化开放体系全面构建，自由贸易试验区高水平建设，对俄和东北亚国际合作跃上新台阶，全方位对外开放新格局基本形成，成为我国向北开放新高地""深度融入共建'一带 路'，积极参与'中蒙俄经济走廊'建设，全面融入全国统一大市场，实施新时代沿边开放开发专项行动，强化基础设施互联互通，畅通对俄欧陆路通道，贯通哈绥俄亚陆海联运通道，加快建设哈尔滨国际航空货运枢纽和国际物流集散枢纽，构筑立足东北亚、联通俄罗斯、拓展东南亚、辐射欧美非的立体化开放体系。拓宽对俄经贸合作领域，打造特色跨境产业链和产业集群，建设面向国际的高水平出口产品加工区，构建前方外贸口岸和后方生产基地互动、贸易结构与产品结构相适应的跨境产业发展新布局"。

跨境物贸新体系的构建，正是黑龙江省对习近平总书记强国梦的"龙江实践"；是黑龙江省主动参与"一带一路"和"中蒙俄经济走廊"建设，着力推进政策沟通、设施联通、贸易畅通、资金融通、民心相通的核心载体；是黑龙江省融入以国内大循环为主体、国内国际双循环相互促进新发展格局的战略依托；是黑龙江省承接国家战略、构筑向北开放新高地的实际举措；是黑龙江省冲破资源分散的发展桎梏、释放资源内生价值的创新思路；是黑龙江省防止产业空心化、承接产业转移、完成资源能源补充、实现产业降本增效和产业集聚，最终达到"产业兴省"目的，实现全面振兴、全方位振兴的重要抓手。

2.2 黑龙江省跨境物贸现状

2.2.1 进出口贸易情况

1. 黑龙江省进出口贸易情况

2022年，黑龙江省货物贸易进出口总值2651.5亿元，同比增长33%，进出口增速居全国第5位，高于全国同期增速25.3个百分点。其中，出口545.6亿元，增长22%；进口2105.9亿元，增长36.2%。

2023年上半年，黑龙江省货物贸易进出口总值1424.6亿元，同比增长16.6%。其中，出口328.7亿元，增长43.7%；进口1095.9亿元，增长10.4%。

2. 我国对俄贸易情况

2022年中俄双边贸易值达1902.71亿美元，同比增长29.3%，达双边贸易额目标（2000亿美元)① 的95%。

2023年上半年，我国与俄罗斯的贸易额同比增长40.6%，达到1145.47亿美元。中国向俄罗斯出口了522.84亿美元的商品，从俄罗斯进口了622.63亿美元的商品。此外，俄罗斯继续扩大使用人民币与第三国结算的比例。

3. 黑龙江省对俄贸易情况

黑龙江省对俄贸易整体呈上升趋势。2022年，黑龙江省对俄进出口总额1854.7亿元，占黑龙江省进出口贸易总额的70%。

2023年上半年，黑龙江省对俄罗斯进出口总额988.1亿元，同比增长15.9%。其中，对俄出口122.1亿元，增长94.3%；自俄进口866.0亿元，增长9.6%。

4. 潜在发展空间

受国际局势变化影响，中俄贸易额呈现良好发展势头。俄乌冲突给黑龙江省对俄物贸发展提供了极佳的机会和巨大的发展空间。

---

① 2018年中俄定下两国贸易额翻一倍的目标，即2024年之前从1000亿美元提高到2000亿美元。

2.2.2 跨境物流通道情况

截至2022年，黑龙江省共有一类口岸27个，中俄边境一类口岸19个，占全国对俄一类口岸数量的近4/5。总设计过货能力9000余万吨，其中，绥芬河口岸过货能力3850万吨每年，同江口岸过货能力2560万吨每年。2021年主要口岸实际过货量为1000余万吨（不含管道运输），仅达设计过货能力的1/9，远低于设计进出口过货能力。

2.2.3 运输结构情况

1. 运输结构现状

黑龙江省跨境运输结构中，公路、铁路、水路和航空相互补充，形成了多元的运输体系。由表2-1可以看出，2021年黑龙江省主要跨境口岸进出口货运量的77.83%由铁路运输完成，4.23%由公路运输完成，17.88%由水路运输完成，0.06%由航空运输完成。在运输总量下降的大趋势下，更具备物流成本优势的水路运输，比例逆势增加。

表2-1　　　　　　黑龙江省主要跨境口岸进出口运输结构　　　　　单位：万吨

年份	公路		铁路		水路		航空		合计
	货运量	占比/%	货运量	占比/%	货运量	占比/%	货运量	占比/%	
2019	76.20	5.61	1105.00	81.40	176.30	12.99	—	—	1357.50
2020	45.50	3.87	984.00	83.61	147.40	12.52	—	—	1176.90
2021	46.20	4.23	850.00	77.83	195.20	17.88	0.66	0.06	1092.06

数据来源：根据海关数据推算。

2. 发展趋势预判

在黑龙江省对俄物贸及多式联运体系进一步发展成熟的前提下，大宗货物运输将进一步由成本较高的铁路运输向水路运输分流。航空货运则将为高附加值的货物提供敏捷性和时效性突出的运输方案，货物属性将与运输方式更高效、合理地匹配，航空货运将给黑龙江省连接东南亚、沟通欧美非带来机会，助力黑龙江省形成新的开放走廊。

2.2.4 黑龙江省与全国物流费用情况

黑龙江省社会物流总费用与 GDP（国内生产总值）的比率整体呈下降趋势。2022 年，黑龙江省社会物流总费用与 GDP 的比率为 15.2%，较全国平均水平 14.7% 高 0.5 个百分点，如表 2 – 2、图 2 – 1 所示。

表 2 – 2　　　2018—2022 年全国与黑龙江省物流费用数据对比分析

年份	全国			黑龙江省		
	社会物流总费用/亿元	与 GDP 的比率/%	社会物流总额/亿元	社会物流总费用/亿元	与 GDP 的比率/%	社会物流总额/亿元
2018	133000	14.8	2831000	2724	16.6	33241
2019	146000	14.7	2980000	2246	16.5	34565
2020	149000	14.7	3001000	2129	15.5	33596
2021	167000	14.6	3352000	2280	15.3	36210
2022	178000	14.7	3476000	2420	15.2	38630

数据来源：中国物流与采购联合会、黑龙江省物流与采购联合会。

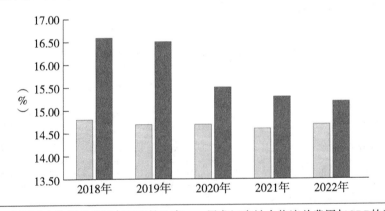

图 2 – 1　2018—2022 年黑龙江省与全国物流费用

2.3　现存问题

2.3.1　资源主体分散

黑龙江省跨境物贸企业头部缺失，核心主体缺位，呈现"多小散弱"的特点。截至 2021 年年底，全省注册对俄边贸企业 3316 家，重点外贸企业仅150 余家，占比不足 5%。跨境资源主体分散，未能形成资源整合能力和协同效应，缺少市场引导能力，资源利用度不高，无法以产业化思维制订跨境产业整体规划，导致资源衍生价值无法获取，也无法将黑龙江省的区位优势转化为发展优势。

2.3.2 基础设施薄弱

黑龙江省物流园区、机场、港口、运输通道等跨境基础设施存量多而不优、不强且布局分散，无法支撑更高能级的市场潜在增量需求。发展落后的基础设施，自身效率有限，影响了整个体系的运转。除此之外，缺乏整体统筹规划，与产业供需匹配度不高，观念仍停留在重建设、轻运营的阶段，导致投资收益持续低于预期。庞大的设施存量、落后的运营思路，无法支撑国际局势变化下市场潜在的增长需求。

2.3.3 物贸能力失衡

作为全球第二大经济体，中国拥有庞大的市场和多样化的产业结构，具备较强的生产能力和制造能力。俄罗斯则以能源和军工等产业为主，产业结构相对单一，产业互补性不强，产业生态位重叠，同质化竞争严重。目前，受"短板制约"，中俄双方在基础设施、投资能力、运营服务、产业协同等方面存在较大差距，未能形成良性发展格局。

2.3.4 缺少大结构设计

中俄双方市场"疏导引"韧性不足，没能形成良好的资源端与市场端双向调节能力。在新物贸体系未能建立的背景下，黑龙江省与境外端市场仍停留在"单点联系"上，未能实现"体系对接"。因此，规模经济、体系效率、产业韧性均无法有效发挥。在外部市场环境发生显著变化时，无法以体系能力牵引市场主体响应调整，迟滞性明显。资源浪费和错配情况时有发生，不利于市场主体形成适应甚至穿越市场周期的能力和竞争优势。

2.3.5　发展潜能释放能力不强

面对跨境物贸大发展需求，黑龙江省借助金融资本释放发展潜能的能力不强，承接跨境物贸发展的资源资产较分散，内部交易成本与沟通成本居高不下。对外则话语权不足，资源资产价值因发展水平与运营能力偏低，不能被唤醒释放，与资本市场对接不足，金融属性激活乏力，无法使用金融杠杆助力市场再生再造、滚动循环。

2.3.6　缺乏跨境物贸网络

中俄双方跨境物贸缺乏有效的合作机制和平台，无法实现信息共享、业务对接和合作协同，导致跨境贸易信息不对称、不及时，资源无法协同发力、传导联动，未能形成一点刺激、网络响应、全局感知的联动机制，影响贸易决策和执行，难以推动跨境物贸网络化联动和合作发展。

2.3.7　缺少市场核心主体

现阶段各市场主体为竞争关系，为追求自身利益最大化，各市场主体往往缺乏合作意识和共享资源的意愿。各个企业和组织各自为战，导致黑龙江省无法有效整合和利用资源，无法系统性承接国家级或省级发展战略。同时，缺少市场核心主体，无法将资源串珠成链，因此无法有效贯彻行业及重点产业的发展规划，无法实现全省跨境物贸产业"一盘棋"协同发展。

2.3.8　缺少空中商贸走廊

黑龙江省国际航空货运发展滞后，航线数量偏少，进出口货物长期以大宗商品为主，没能形成高附加值的空运货物产业，错过了本土制造业蓬勃发展的窗口期。在构建开放体系的时代，特别是在跨境电商成为进出口贸易新增长点的当下，黑龙江省亟须构建更广泛的物贸流通体系，空中跨境运输通道搭建极其重要。

2.4 跨境物贸新体系产业模型

2.4.1 构建跨境物贸新体系资源图谱

1. 识别优质基础型资源

在构建跨境物贸新体系资源图谱时，要结合物贸产业和实际需求，进行综合分析和考量，确保所选资源的互补性和可持续发展性，辨别出优质基础型资源。据统计，黑龙江省跨境物贸新体系优质基础型资源整合后总资产规模在 500 亿元左右，资源持有主体包括国有企业、民营企业、外资企业等，其中国有企业包括省铁路集团、省航运集团、省交投集团（部分资产）、省机场集团、省航道局、地方政府及其出资企业等。

2. 盘点存量资源及资产

建立清晰的信息体系，使用科学的评估方法，借助现代信息技术和专业的资产管理工具，对已有资源和资产进行准确和全面的清查和评估。梳理黑龙江省跨境核心资源，筛选出有助于构建黑龙江省跨境物贸新体系潜在资源图谱的资源。结合基础型资源的特点和分布情况，以及黑龙江省跨境物贸新体系发展方向，对现有基础型资源进行提炼，构建黑龙江省跨境物贸新体系基础框架，为黑龙江省跨境物贸新体系的发展奠定基础。

3. 配套资源

将企业或项目所需的资源与能够提供资源的供应商、合作伙伴或其他相关机构进行匹配，以确保资源的充分供应和高效利用。在配套资源的过程中，要注重资源的可靠性、灵活性和互补性，以满足企业或项目需求。

黑龙江省跨境物贸新体系如图 2 - 2 所示。

2.4.2 产业模型构建实施路径

产业模型的构建需要各方共同参与和协力推进，政府、企业、学术机构和其他社会各界应加强合作，形成良好的合力，应本着"先固化再优化"的实施思路，推进跨境物贸新体系构建。

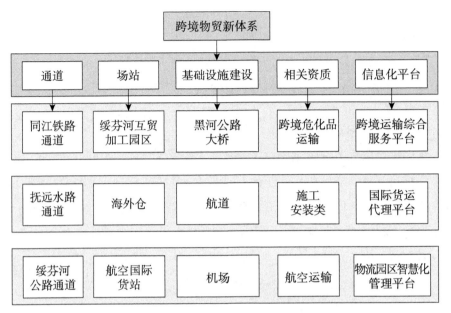

图2-2　黑龙江省跨境物贸新体系

1. 产业体系构建

（1）体系功能定位

利用一些常规步骤、方法明确组织或项目的体系功能定位，确保与组织目标一致，并能够满足相关需求，以实现有效运作和管理。

（2）体系框架制定

对行业分类、组织层级、价值链、关键要素、参与者、横向和纵向连接、环境因素等进行分析，制定出符合实际情况的产业体系框架，为相关发展规划和决策制定提供指导。制定产业体系框架是一个动态的过程，应随着时代和产业发展变化不断调整和优化工作内容。

（3）基础型资源与产业体系重新匹配

通过资源评估、产业需求分析、政策支持、技术创新和转化、资源整合与协同、人才培养与引进、跨界合作等策略和方法，促进基础型资源与产业体系重新匹配和协同发展，提升产业竞争力和可持续发展能力。

（4）新体系雏形初现

在产业发展中，技术进步和市场需求的变化等，表明产业新体系雏形初现，这会带来新的商机、创新模式和市场格局。在这个过程中，企业需要敏锐地捕捉变化、适应变化，并积极参与产业新体系的建设和发展。

2. 战略规划的制订

（1）重点产业发展规划

重点产业发展规划需要根据实际情况进行调整。重点产业发展规划是针对某个地区或国家的特定产业，制订的长期发展目标、战略和措施，以促进产业持续发展，提升竞争力。在这个过程中，各级政府、企业和相关机构应共同参与，形成合力，以推动产业可持续发展。

（2）产业基础设施发展规划

产业基础设施是产业发展的重要支撑，其发展规划的制订需要全面考虑产业需求、技术进步、区域发展和资源状况等因素，确保基础设施发展与产业发展相匹配，为产业提供良好的发展支撑。

3. 招商引资与引才聚才

（1）引入头部供应链服务、物流地产等企业并与之合作

引入头部供应链服务、物流地产等企业并与之合作，提升基础设施的运营效率和服务质量，提高产业的供应链运作效率和物流运营水平，进而促进产业发展，帮助企业提升竞争力和满足市场需求。

（2）吸引产业资本及制造加工企业北上

通过提供优惠政策、改善投资环境、加强基础设施建设、引进高端人才和科研机构等综合措施，吸引产业资本及制造加工企业北上。同时，还需保证政策的稳定性和可持续性，以建立良好的政策环境，为企业长期发展提供保障。

（3）打造专业化人才队伍

应创建一个良好的学习和成长环境，培养具备专业技能、知识和经验的人才，并为其提供发展和成长的机会。吸引人才加入，为企业发展提供支持，提高企业的专业竞争力和创新能力。

4. 重点产业培育

（1）依托通道资源及口岸功能编制重点产业名录，有针对性地为发展赋能

依托通道资源及口岸功能编制重点产业名录并有针对性地为发展赋能是非常明智的举措。可根据口岸具体情况和市场需求，充分利用通道资源和口岸功能，进一步提出具体的发展计划和政策措施，有效促进产业发展。

（2）投资建设相应的基础设施及信息化平台

在编制重点产业名录并有针对性地为发展赋能时，投资建设相应的基础设施及信息化平台是至关重要的一环，这样可以提升口岸的竞争力和发展潜力。在投资决策前，需要综合考虑口岸的实际需求、投资回报等因素，制订合理的投资计划，并加强监督和评估，确保投资决策有效实施。

（3）解决发展过程中的痛点、堵点问题

不同产业的痛点和堵点可能有所不同，如缺乏人才和技能、融资困难、市场需求具有不确定性、供应链不畅、物流成本高、创新和技术水平不足、行政审批烦琐、政策不稳定等。因此，在解决问题时，需要根据实际情况制订具体的解决方案，并加强各方合作和资源整合，以有效解决问题，顺利推动产业发展。

5. 重大项目建设运营

（1）筛选、梳理重大项目清单

筛选和梳理重大项目清单是为了集中资源、优化投资，推动关键项目开展。筛选和梳理重大项目清单时，需要充分考虑产业政策、市场需求、可行性等因素，并注重各利益相关方的沟通工作，以确保项目可持续发展、整体效益最大化。

（2）紧密跟踪重大项目情况

紧密跟踪重大项目情况，是确保项目按计划进行、问题及时解决的重要环节。采用以下措施，如建立项目管理机制、定期开展项目评估、设立关键绩效指标、建立沟通渠道、解决问题和风险、关注外部环境变化、学习和改进经验教训等，可以更好地跟踪和管理重大项目，确保项目按计划顺利进行、问题及时解决，保证项目成功实施。

（3）持续进行运营监测、优化提升

对重大项目持续进行运营监测、优化提升，可以及时发现并解决项目运营中出现的问题，不断提升项目的价值和竞争力，确保项目长期成功运营和可持续发展。

6. 资产管理

（1）提供资产管理、物业管理、财务管理等服务

具体提供以下服务：资产组合管理、风险管理、绩效评估和资产报告等

资产管理服务；租赁和租户管理、设施维护和保养、预算和财务管理等物业管理服务；财务规划和分析、预算编制和控制、税务合规性管理等财务管理服务。根据客户需求和业务情况，提供的服务还可涉及租赁谈判、市场研究、法律咨询、保险管理等。

（2）资产保值、增值、退出

对资产所面临的潜在风险进行评估和管理，定期进行设备和设施的维护保养，对资产进行跟踪、评估和审查，确保资产保值。通过投资优化、租金优化等为资产增值。退出策略主要有资产变现、重组、传承等。在实践中，需要综合考虑市场趋势、风险管理、投资策略和资产特点，提出相应的措施和计划，以实现资产的长期保值、增值。

2.4.3 产业模型构建

基于跨境物贸体系发育不足、骨干企业缺位的现状，黑龙江省应努力打造"实业＋科技＋金融"协同发展的产业体系。以科技引领产业发展，以金融服务实业投资，促进黑龙江省跨境物贸体系快速实现高质量转型升级。

1. 跨境物贸体系建设

学习中国物流集团、全球速卖通、京东国际等领先跨境物贸整合商的业务模式，整合运输服务、基础设施建设、物流地产、流通4.0体系等。围绕开放市场和要素流通，进行精准定位、科技赋能和精益运营，打造覆盖物流体系和信息化服务平台的"投融建管营退"全链条业务能力。跨境物贸体系建设路径如图2-3所示。

2. 供应链综合服务

学习物产中大集团股份有限公司、厦门象屿集团有限公司、厦门建发集团有限公司的业务模式，坚持以客户需求为导向，发展智慧化供应链集成、供应链金融等服务。提供覆盖融资—采销—运输的系统化供应链解决方案，支持粮食、能源、化工、电子商务等产业转型升级。整合商流、物流、资金流、信息流，实现"四流合一"。供应链综合服务路径如图2-4所示。

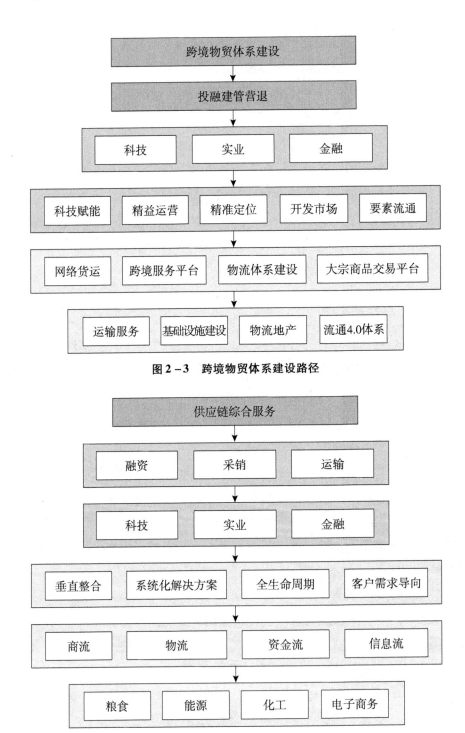

图 2 − 3　跨境物贸体系建设路径

图 2 − 4　供应链综合服务路径

3. 产业投资与资产管理

学习招商局集团及万纬物流科技、实业与金融融合发展、相互促进的业务模式，立足新基建、高端制造、自然资源与土地资源开发，进行物贸新产业投资、配套资源开发、存量资产管理与存量资源开发。做精存量，做优增量，促进产业生态形成。产业投资与资产管理如图 2-5 所示。

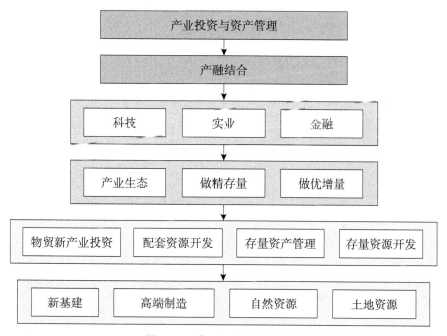

图 2-5　产业投资与资产管理

2.5　跨境物贸新体系需解决的重大问题

2.5.1　核心资源整合创效

积极利用国家促进基础设施建设的相关政策，对基础型资源进行整合升级，构建黑龙江省跨境物贸新体系。打造"海外仓—跨境通道—省内集疏运体系—国内运输通道"高效协同的多层次、智慧化物流体系。发展"公铁水空"高效衔接的多式联运物流体系，主动转方式、调结构，提升运输需求与运输方式匹配效率，降低物流成本。

2.5.2 通道能级构建

保障现有陆运、水运跨境通道持续畅通，加强国际航空货运通道建设，打造立足黑龙江省的"全球123快货物流圈"。推动跨境基础设施补短板，提供优质、高效的口岸通关服务。持续优化监管流程，在制度机制创新上不断突破。统筹规划口岸功能，建设差异化特色口岸，打造"口岸＋"经济，促进通关流量进一步增加。先以跨境通道建设拉动产业集聚，再由产业发展提升通道活力，逐步实现跨境通道与产业的协同共生发展。

2.5.3 打造平台型经贸服务模式

以跨境物贸新体系为依托，发展供应链综合服务模式。打造对俄大宗商品交易平台、跨境综合服务平台等信息化物贸服务平台，进一步完善产业生态。引入行业头部合作伙伴，培养核心竞争力，进行精益化管理，带动黑龙江省进入流通4.0时代。

2.5.4 利用产业化思维兴边富民

利用好国家和黑龙江省的兴边富民政策，紧抓国际局势带来的发展"窗口期"，研究出台新发展阶段下的创新"三来一补"政策，有效拉动互市贸易等贸易类型加速发展，引导产业落地，形成特色产业集群。

2.5.5 将对俄物贸的战略纵深引入内陆

在省内重点城市或城市群建设特色产业集群，承接由跨境通道流入黑龙江省的资源，提升加工深度及产品附加值，靠近价值链核心位置。依靠产业集群的外溢效应，促进产业链自主、协同创新，共同优化各环节，实现降本增效。

2.5.6 把握俄乌冲突大背景下产业格局重构契机

中俄经贸关系稳定，我国产业链较完整。受国际局势影响，俄罗斯能源出口与消费品、设备等的进口将更加依赖我国，原本由欧美及日韩等国向俄罗斯提供的订单将大规模转向我国。在此背景下，部分制造业也有机会向我国转移，带来转口贸易发展的新契机。作为对俄合作前沿，黑龙江省通过构建跨境物贸新体系，提供高效率的专业服务，发挥超出运输通道本身的功能，可以将此部分订单和产业转移带来的贸易增量"固定"在省内。

2.5.7 汇集资源与资本，将地理中心打造为产业中心

发挥跨境物贸新体系形成的突出的效率、稳定性和成本优势，逐渐形成黑龙江省比较优势，吸引进出口加工企业，逐渐形成产业集群。牵引俄罗斯远东及周边区域自然资源南下进入黑龙江省，吸引我国南方发达地区溢出的产业资本和制造业企业北上，让两者在黑龙江省有效交汇。

2.5.8 有效承接国家及黑龙江省发展战略

承接国家及黑龙江省发展战略，找准与俄罗斯远东地区的发展结合点。配合主管部门制定行业及重点产业发展规划，持续实施，助推全省跨境物贸产业立体发展。

2.6 跨境物贸新体系构建展望

跨境物贸新体系的构建，将有效提升要素资源配置效率，降低交易环节成本，释放存量资源的潜在价值，有效扩大产业边界；推动供应链与产业链深度融合，协助构建韧性供应链网络，促进产业生态稳健发展；立足两个市场，服务资本流动与资源交易。

2.6.1 助力全国统一大市场建设

助力全国统一大市场建设，有效衔接国内国际双循环；培育优势产业集群，释放产业集群倍增效应。

1. 优化产业结构

东北地区可以通过优化产业结构来提升产业链的附加值和国际竞争力，应鼓励技术创新、推动产业升级，以高科技产业为主导，培育新兴产业，提

升整体经济竞争力。

2. 发展物流基础设施

为了打造立足东北亚的区域物贸中心，东北地区需要加大力度发展物流基础设施，提升港口、铁路、公路等物流设施的运营效率，加强与邻国的贸易通道建设，以便货物高效流通。

3. 提升贸易便利化水平

通过简化贸易手续、优化通关流程、减少贸易壁垒等措施，提升贸易便利化水平。加强与邻国的贸易合作，签署自由贸易协议，扩大贸易规模和市场份额。

4. 吸引外商投资

打造立足东北亚的区域物贸中心，需要吸引更多的外商投资。为外国企业提供良好的投资环境和政策支持，有利于吸收先进的技术和管理经验，推动产业链完善和升级。

5. 加强区域合作

加强区域合作，建立更紧密的经济合作机制，加强政策协调，推动共同发展，促进贸易往来和人员交流，共享经济繁荣成果。

6. 利用科技创新

利用科技创新推动数字化和智能化发展。发展电子商务、物联网、人工智能等新兴领域，提升经济发展的创新能力和竞争力。

2.6.2 构建面向全球的开放大市场

逐步构建面向全球的开放大市场，打造立足东北亚的区域物贸中心，并最终推动东北地区全面振兴，是一项具有远见和挑战性的目标。

1. 建设先进的物流和交通网络

投资和建设高速公路、高铁、航空港和港口等基础设施，改善东北地区的物流和交通条件，提高物流效率和运输能力。推动跨境、跨区域贸易便利化，简化通关手续，降低物流成本，提高商品流通的速度和便利性。

2. 促进国际贸易和跨境投资

拓展国际贸易合作，寻找新的贸易伙伴和市场，推动东北地区产品出口和服务输出。提供优惠政策，吸引跨国公司等在东北地区设立生产基地和研发中心。

3. 发展高附加值产业

重点发展具有竞争力和创新性的优势产业，如高新技术产业等，提升产品附加值和市场竞争力。加大知识产权保护和技术创新力度，培育自主品牌和知名企业，推动东北地区产业转型升级。

4. 加强区域合作和经济一体化

与周边国家和地区加强合作，推动区域间贸易便利化、投资自由化等。参与并积极推动区域经济一体化倡议，如"一带一路"倡议等，提升东北地区的国际影响力和竞争力。

5. 加大人才培养力度、提升科技创新能力

加大对人才的吸引和培养力度，引进和培养高层次、高素质人才，提升东北地区的科技创新能力和竞争力。建立创新创业支持机制和平台，鼓励创办创新型企业，推动创新成果转化。

实现东北地区全面振兴需要持续的政策支持、资金投入和各方的共同努力。同时需要注意的是，实现东北地区全面振兴是一个长期过程，需要根据东北地区的实际情况和市场需求灵活调整策略，不断创新和发展。

3 优化存量重在提升效率 创新增量重在扩大规模

2023 年 3 月，中俄领导人共同签署《中华人民共和国主席和俄罗斯联邦总统关于 2030 年前中俄经济合作重点方向发展规划的联合声明》，致力于在 2030 年前显著提升两国贸易额。作为我国向北开放高地的黑龙江省，应抢抓发展机遇，擘画发展蓝图，大力发展互联互通的物流体系，扩大贸易规模，优化贸易结构，积极深化、落实中俄务实合作，推动两国经济和贸易合作高质量发展。

3.1 优化存量和创新增量的重要性

加快产业转型升级是推动经济高质量发展的重中之重，要坚持一手抓传统产业改造升级"优化存量"，一手抓新兴产业培育发展"创新增量"，构建现代产业体系，推动我国由经济大国向经济强国加快挺进。

3.1.1 优化存量和创新增量发展现状

2022 年国务院印发的《国务院办公厅关于进一步盘活存量资产扩大有效投资的意见》指出，有效盘活存量资产，形成存量资产和新增投资的良性循环，对于提升基础设施运营管理水平、拓宽社会投资渠道、合理扩大有效投资以及降低政府债务风险、降低企业负债水平等具有重要意义。

2022 年，黑龙江省人民政府办公厅印发《黑龙江省支持对外贸易发展的若干措施》，解读该文件得出以下信息：对外贸易要从稳经营、强培育、拓市场、保供给、优服务入手，做好跨周期调节，激发主体活力，扶持中小微外贸企业努力保订单、稳预期，留住存量，扩大增量，加快提升黑龙江省对外贸易整体规模，推进外贸高质量发展。

3.1.2 优化存量与创新增量的关系

优化存量，企业能够更好地管理现有资源，提升效率，降低进出口成本，缓解运营压力，更快地响应市场需求和变化，提高产品质量和客户满意度，进而提升竞争优势。

创新增量意味着推出新产品或服务、扩大客户群体、进入新的地域市场等，这将为企业带来更高的市场份额、更广的客户基础、更大的企业规模和更多的利润。

两者双向发力，可以形成协同效应，打出产业升级"组合拳"。坚持稳中求进工作总基调，坚持新发展理念，坚持高质量发展，坚持以供给侧结构性改革为主线，优化存量资源配置，扩大优质增量资源供给，有利于推动我国产业迈向全球价值链的中高端。

3.1.3 对企业未来发展有决定性影响

优化存量与创新增量并举，传统产业改造升级同新兴产业培育有机统一，淘汰落后产能和"僵尸企业"。推动互联网、大数据、人工智能和传统产业深度融合，对"有中出新"的传统产业"挖潜开荒"和改造升级，推动高端化、绿色化、智能化改造，实现"老树发新芽"。同时，密切关注产业发展的最新变化，超前谋划、超前部署、超前行动，大力推动"无中生有"的新技术、新模式、新业态、新产业发展，积极培育、壮大战略性新兴产业，引领产业由价值链低端环节向中高端环节延伸，促进外贸经济快速发展。

综上所述，优化存量和创新增量都是企业长期发展不可或缺的重要举措，企业应在管理过程中重视二者的平衡和优化，一手做减法，腾出新空间，一手做加法，发展新产业。一减一加，实现资源的优化配置，实现经济的高质量发展。

3.2 对俄贸易发展机遇

3.2.1 黑龙江省对俄贸易发展机遇分析

当前世界正面临百年未有之大变局，亚洲成为世界经济中心的态势将更加明显。俄罗斯是典型的资源型国家，经济发展很大程度上依赖进出口贸易，俄罗斯与欧盟之间贸易趋势的变化将给黑龙江省带来两大发展机遇。

1. 提高黑龙江省物流集散枢纽地位

欧盟对俄罗斯实施制裁后，俄罗斯为保证进出口货物和金融安全，必然加深与中国的全面合作，大力发展中俄互联互通物流体系，加大铁路、公路、水路、航空、管道及口岸等方面的基础设施建设，提高物流组织能力。黑龙江省可以发挥跨境物流成本低的优势，打造面向俄罗斯、辐射欧洲、直达北美的国际物流集散枢纽。

2. 承接欧美高端制造产业

从加工技术能力的角度看，承接欧美高端制造产业是我国改革开放后又一次用市场换技术的机会。随着相关产业的移植引入，流通量将呈现几何级数增长，完整的产业配套体系优势，将给黑龙江省带来很好的发展机会。

3.2.2 黑龙江省如何抢抓机遇

1. 快速构建"通道＋枢纽＋网络"现代物流运行体系，尤其是跨境物流体系

增加物贸规模和承载能力的解决路径，包括延长通关时间、扩大口岸间的交流与合作、拉动基础设施建设、转变贸易运输组织方式、协同俄罗斯全境及出入境关系等，改善物流承载能力的基础性条件。

2. 形成长期互利的跨境产业体系

目前黑龙江省中俄边境产业同质化现象非常明显，合作不够深入，跨境物贸能力越来越弱，因此建议黑龙江省布局互补性产业，逐渐形成长期互利的跨境产业体系。

3. 加大产业技术配套能力

对欧美高端制造企业进行国际化招商，形成紧密的产业关系。围绕高端制造业，形成强有力的配套体系，加强物流组织能力，促使高端制造商品顺利进入俄罗斯市场。

4. 推动我国经济过剩产能输出

输出产能，输入生产资料，在产品或技术迭代的过程中同步完成产能迭代，推动我国经济过剩产能输出，这对于我国和黑龙江省来说都是一个很好的发展机会，应该紧紧抓住。

3.3　对俄贸易发展趋势及其存在的问题

3.3.1　对俄贸易总值发展趋势分析

由表 3-1 和图 3-1 可以看出，全国和黑龙江省对俄贸易规模均总体呈增长态势，但黑龙江省对俄贸易总值占全国对俄贸易总值的比例总体呈现出下降趋势。进一步分析计算可知，我国和黑龙江省对俄贸易规模近 5 年的平均增长率分别为 12.5% 和 8.7%，黑龙江省对俄贸易总值占全国对俄贸易总值的比例由 2018 年的 17.3% 下降到了 2022 年的 14.5%。

表 3-1　　　　全国与黑龙江省对俄贸易总值对比分析

年份	全国对俄贸易总值/亿元	黑龙江省对俄贸易总值/亿元	占比/%
2018	7076	1221	17.3
2019	7641	1271	16.6
2020	7466	973	13.0
2021	9487	1313	13.8
2022	12761	1855	14.5
平均增长率/%	12.5	8.7	—

数据来源：中华人民共和国海关总署、中华人民共和国哈尔滨海关。

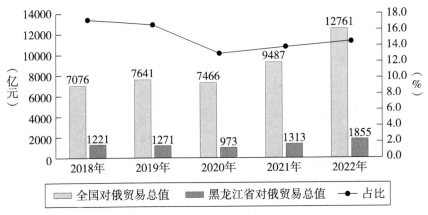

图 3－1　全国与黑龙江省贸易总值占比分析

3.3.2　黑龙江省对俄贸易规模全国排名发展趋势分析

进一步分析 2018—2022 年我国对俄贸易排名前十的省或直辖市（见表 3－2、图 3－2），可以看出：

表 3－2　　　　2018—2022 年我国对俄贸易排名前十的省或直辖市　　　单位：亿元

序号	2018 年		2019 年		2020 年		2021 年		2022 年	
	省/直辖市	进出口总值	省/直辖市	进出口总值	省/直辖市	进出口总值	省/直辖市	进出口总值	省/直辖市	进出口总值
1	黑龙江	1221	黑龙江	1271	北京	1022	北京	1335	山东	2051
2	北京	1165	北京	1241	黑龙江	973	黑龙江	1313	北京	1897
3	山东	918	山东	1035	山东	956	山东	1285	黑龙江	1855
4	浙江	719	浙江	813	浙江	903	浙江	1106	浙江	1284
5	广东	609	广东	687	广东	696	广东	866	广东	1072
6	江苏	392	江苏	466	江苏	523	江苏	698	江苏	813
7	上海	339	上海	347	上海	437	上海	512	上海	609
8	辽宁	270	辽宁	238	福建	285	福建	341	福建	500
9	河北	222	河北	228	辽宁	218	辽宁	287	辽宁	359
10	福建	203	福建	226	河北	207	河北	251	河北	306

数据来源：中华人民共和国海关总署。

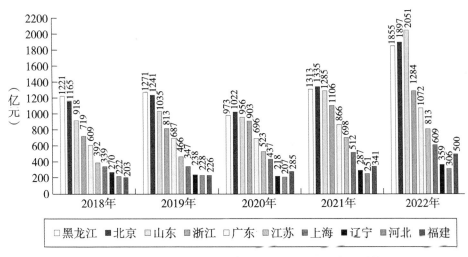

图 3−2　2018—2022 年我国对俄贸易排名前十的省或直辖市

（1）除福建省在 2020 年由 2018 年的第 10 位上升到第 8 位、辽宁省在 2020 年由 2018 年的第 8 位下降到第 9 位、河北省在 2020 年由 2018 年的第 9 位下降到第 10 位外，第 4~10 名的顺序基本没有变化。这几个省份分别为浙江省、广东省、江苏省、上海市、辽宁省、河北省和福建省。

（2）黑龙江省、北京市和山东省一直稳居我国对俄贸易前三名，但黑龙江省排名却由 2018 年、2019 年的第 1 名下降到 2022 年的第 3 名。

3.3.3　黑龙江省对俄货运量发展趋势分析

截至 2022 年，黑龙江省共有一类口岸 27 个，拥有中俄边境一类口岸 19 个。总设计过货能力 9000 余万吨，说明现阶段黑龙江省口岸设施过货能力可以满足大批量货物运输需求。

对 2018—2022 年哈尔滨海关统计数据（见表 3−3）进行分析可以得出，黑龙江省对俄进出口总量（不含油气）总体呈下降趋势，到 2022 年，黑龙江省对俄进出口总量（不含油气）下降为 1504.76 万吨，口岸实际过货量远低于设计过货能力。

表 3 – 3　　　2018—2022 年黑龙江省对俄进出口总量（不含油气）

年份	2018	2019	2020	2021	2022
对俄进出口总量/万吨	1912.85	2016.36	1688.92	1519.36	1504.76

数据来源：中华人民共和国哈尔滨海关。

通过以上分析可以看出，黑龙江省对俄贸易额、排名和进出口总量（不含油气）均呈下降趋势，说明黑龙江省没有发挥出对俄优势，对俄贸易发展缓慢。黑龙江省亟须解决存量上提升效率、增量上扩大规模的问题。

3.4　优化存量策略

3.4.1　增加基础设施投入，提高基础设施利用率

开展口岸进出口过货优化存量工作时，一方面要重视基础设施建设，在合理规划和利用现有基础设施的基础上，提供多样化物流服务，充分满足对俄经贸要求，发挥最大效能；另一方面应加强港口、通道建设，增加各类基础设施，有效改善对俄经贸交通运输条件。此外，人员合理调配、装卸作业流程优化等，也可以提高基础设施利用率。

3.4.2　改变外贸通关习惯，提升通关效率

出口货物采用"抵港直装"作业模式，减少港区物流作业环节，可以极大节约成本。通过提前申报、卡口触发运抵、根据指令分流放行等措施，可实现海关放行货物直接装船离境。企业可根据自身生产计划，与码头"预约"抵港时间，灵活安排库区装货出厂时间，按照"提前申报—货到放行—抵港直装"流程，大幅提升通关效率，实现物流"零库存"。

3.4.3　简化相应流程

依据相关法规优化通关流程，大幅精简海关通关单证，包括进出口货物监管证件、进出境检疫监管证件等，减少通关时间。同时，将"互联网 +"与政务服务相结合，通过网上预约、人脸识别、内网预审等"不见面"审批

功能，简化现场审批流程，提高电子口岸监管便利化程度，增加适度降低税费等优惠措施，减少货物滞留时间，降低通关成本，提高通关处理效率。

3.4.4 全面提升外贸效率

提高双方海关查验效率，推动"单一窗口"应用全覆盖；创新边境检验制度，加强与俄罗斯海关、检验部门合作。通过建立信息平台、远程监控平台、运营管理平台等各种信息化管理平台，实现业务核批"全省通办、统一审批""一网通办"，更好地为企业提供口岸通关、跨境贸易、物流、金融等一站式服务。同时，提高口岸机械化程度，加快运输环节的运作效率，降低运输成本，促进高水平对外开放。

综上所述，口岸进出口过货优化存量工作必须从多方面入手，全面系统地设计，以提高货物运输效率、减少损失、提高口岸竞争力。

3.5 创新增量策略

3.5.1 推动俄方有效提升基础设施

为进一步加深中俄外贸合作，推动贸易额增长，应推动俄方跨境物流基础设施建设，增加中俄边境口岸数量并提高口岸过货能力和通关效率。可以建设跨境合作区，吸引中俄企业入驻园区，并在进出口贸易等方面给予特殊优惠政策，辟建自由关税区和免税贸易区，扩大通关业务内容，鼓励企业增加进出口贸易。

3.5.2 加强俄方集疏运能力

集疏运体系是连接多种运输方式的平台和纽带，是一体化运输的关键。快速高效的集疏运体系，能在相当大的程度上缓解船舶随时到港、货流不均衡引起的压船压货现象，也可以降低货物集散对码头仓库容量的要求。而且，集疏运能力的增强会在一定程度上弥补港口其他系统的不足乃至扩大港口腹地半径，从而促使港口发挥出最大的潜力。

3.5.3 创新运输组织模式

1. 采用绿色运输方式

2021 年 10 月 29 日交通运输部发布的《绿色交通"十四五"发展规划》和 2021 年 12 月 25 日国务院办公厅发布的《推进多式联运发展优化调整运输结构工作方案（2021—2025 年）》，提出以下内容：持续优化调整运输结构，推进港口、大型工矿企业大宗货物主要采用铁路、水路、封闭式皮带廊道、新能源和清洁能源汽车等绿色运输方式。

管状带式输送机效果如图 3 - 3 所示。

图 3 - 3　管状带式输送机效果

2. 应用口岸无人驾驶技术

口岸无人驾驶技术可以实现点到点跨境运输作业，实现进出口货物运输、查验、通关全流程的无人化、智能化，提升通关运输整体效率，降低物流企业的用工成本，提升智慧口岸建设的核心竞争力和国内外影响力。

目前内蒙古的策克口岸、甘其毛都口岸、满都拉口岸、二连浩特口岸以及广西的龙邦口岸、云南的猴桥口岸等都启动了无人驾驶项目。口岸无人驾驶情况如表 3 - 4 所示。

表 3 - 4   口岸无人驾驶情况

序号	口岸	无人驾驶 试运行时间	设备数量	设备类型	投资额/亿元
1	策克口岸	2022 年 5 月 13 日	24	AGV	1.8
2	甘其毛都口岸	2022 年 7 月 16 日	20	AGV	1.5
3	满都拉口岸	2022 年 8 月 28 日	—	无人集卡	—
4	二连浩特口岸	2022 年 12 月 30 日	15	AGV	14.0
5	龙邦口岸	2022 年 9 月 15 日	20	无人集卡	—
6	猴桥口岸	2022 年 11 月 15 日	2	无人集卡	—

数据来源：根据各口岸新闻统计得出。

3.5.4 优化运输组织结构

1. 激发水运效能，优化运输结构，实现双千目标

响应国务院办公厅印发的《推进多式联运发展优化调整运输结构工作方案（2021—2025 年)》，加快港口物流枢纽等水运基础设施建设，大力开发和整治航道，畅通千吨级航道。加快水运发展，提高水运占比，实现粮食、集装箱、煤炭等大宗物资"公转水""铁转水""江海联运""陆海联运"。推动多种运输方式深度融合，进一步优化调整运输结构，提升综合运输效率，力争实现水运"产能过千万吨、服务贸易额过千亿元"的双千目标。

2. 激活水运潜能，绿色低碳发展，与国家物流平均水平持平

激发"江"的活力，提高水运供给质量和效率，加快构建黑龙江省大航运体系，大幅降低航运成本，释放水运潜能。水路运输建设所需投资金额相较于铁路运输节省一半左右，且水运成本约是铁路运输成本的1/2，是公路运输成本的1/3 左右。水运有运量大、费用低、排放小的比较优势，是最为绿色的运输方式。创造优越的水运条件，吸引大量的工业资本沿江建厂，形成产业集聚带，给水运提供越来越多的货源，货运量的增加又会促进水运发展，从而降低社会物流总费用。总之，黑龙江省应激活水运潜能，提高货运量的水运占比，实现与国家物流平均水平持平的目标。

3. 彰显资源区位优势，实现对俄战略纵深内地化，催生产业集群发展

中俄经贸关系稳定，我国产业链较为完整，受国际局势影响，俄罗斯进出口将更加依赖我国。作为对俄合作的地理前沿，黑龙江省通过构建大航运新体系，提供高效、便捷的专业服务，发挥超出通道本身的功能，能将受到国际局势影响的订单转移带来的贸易增量固定在省内，进而牵引俄罗斯远东及周边区域自然资源进入黑龙江省并继续南下，吸引我国南方发达地区溢出的产业资本和制造业企业北上落户黑龙江省，发挥大航运新体系形成的效率、稳定性和成本优势，逐渐形成黑龙江省的比较优势，吸引进出口加工业向黑龙江省口岸沿线集聚，形成航运"产业走廊"。

3.6　重点任务

3.6.1　近期任务内容及目标

1. 推动俄方口岸尽快对我国开放

积极推动巴斯克沃、加林达、波亚尔科沃等位于俄罗斯远东地区的主要口岸对我国开放。

2. 最大化解决俄方港口短板问题

推动俄方提升通关效率、延长开关时间、提高港口作业效率等，此外，还需补齐基础设施短板，以进一步改善中俄通道的物流环境。

3. 出台有利于创造跨境物贸增量的支持性政策

研究出台船运集装箱、"公转水""船舶运力更新"及"港口基础设施建设"等具体的补贴性政策。

4. 按照"一省一港"的方式推进全省港口资源整合

采取"省级政府引导、区域政府配合、市场主体推动、社会资本介入"的综合开发模式，完成港口资源的一体化、规模化、集约化、专业化发展。

5. 架设运输管廊，催生跨境物贸增量

利用原有水运港口海关边检查验条件，在萝北口岸、饶河口岸、嘉荫口岸的冬季冰面上架设用于口岸间颗粒物冬季跨境运输的运输管廊（探讨在黑

河公路大桥墩柱间架设四季全天候管廊设施），实现过货能力指数级提升，大幅度降低跨境物贸成本，大规模提升进出口贸易量。

3.6.2 中期项目内容及目标

针对可以产生跨境物贸增量且可持续提升物贸能力的项目，安排实施内容、提出保障措施和政策需求。

1. 推动江海联运新业务

创新江海联运经营模式，引入萨哈林水产渔业资源，并接入抚远冷链加工产业体系，完成近岸供应链服务能力建设，促进黑龙江省"中外中""中外外"深度开放。

2. 畅通四大水系，确保二级航道标准不降低

水运物流成本约为铁路运输的 1/2，约为公路运输的 1/3，实施"公转水""铁转水"后，会助力产业降本增效。实现大宗货物水路运输规模化、常态化、网络化运营的前提是确保航道等级满足设计标准并适时维护航道。

3. 推动黑龙江省千吨运力网建设

深度实施粮食、矿产品、建材和大型机械设备"公转水""铁转水"策略，以水路运输替代部分陆路运输，降低物流成本，同时减少公路和铁路运输的压力。

4. 推动港口效率效能提升

围绕运载装卸工具、通道运输船舶、港口作业设施设备系统提升等，进一步提升港口作业效率，以在不进行大规模基础设施投资的情况下有效扩大进出口规模、提高进出口质量。

5. 推动同江港化工品园区规划设计招商工作

面对黑龙江省化工资源亟须补充、俄方资源能源市场足够大和化工品专业化管理的多方需要，推动同江港化工品园区建设，将会填补跨境物贸空白、带来呈几何级数增长的发展机会。

3.6.3 远期项目内容及目标

黑龙江省应按照中俄物贸产业化发展持续推进思路，构建大物贸体系，提供持久性物贸能力及推动产业化落地，布置产业内容、提出保障措施等。

（1）推动哈尔滨、佳木斯、黑河等国家级战略性港口投资建设，从基础保障能力方面促进向北开放战略纵深实施。

（2）推动呼兰区松花江区域航运港口综合规划落地实施，完成哈尔滨国际港区和船舶制造业迁址，实现新旧动能转换。

（3）推动佳木斯现代船舶制造业和现代港航工业体系建设，将对俄发展战略纵深拉到内陆，完成口岸经济向内陆产业经济的辐射转换。

（4）推动黑龙江大航运体系建设，构建"国内国际双循环"和"国内大循环"相连接的航运体系，做出响应国家级战略的黑龙江作为。

4 深耕物流黄金三角区 打造黑龙江向北开放新高地

4.1 研究背景

4.1.1 黑龙江省与俄接壤的主要城市

黑龙江省边境线长 2981 公里，北部、东部与俄罗斯隔江相望，是亚洲与太平洋地区陆路通往俄罗斯的重要通道，是我国向北开放的重要窗口。黑龙江省与俄罗斯远东联邦边境线两侧坐落着多个对应城镇，这些对应城市有的隔江相望、水路相连，有的铁路相接、公路相通，总之，黑龙江省具有得天独厚的沿江、沿边、沿线对外开放的地缘优势。

4.1.2 黑龙江省物流黄金三角区

作为对俄经贸往来的"桥头堡"，黑龙江省具有得天独厚的地缘优势。随着同江铁路大桥和黑河公路大桥的建成通车，黑龙江省依托黑河、同江（抚远）、绥芬河（东宁）3 个主要陆路边境口岸，形成了北至黑河、南到哈尔滨、东出绥芬河向北开放的物流黄金三角区（见图 4-1）。

4.1.3 黑龙江省口岸集疏运体系

黑龙江省通过哈大齐（满）、哈绥北黑、哈佳双同、哈牡绥东放射状物流通道，向南连接大连港、营口港及京津冀地区。俄罗斯通过西伯利亚大铁路和州际干线公路，将俄远东布拉戈维申斯克、哈巴罗夫斯克、符拉迪沃斯托克（海参崴）和远东港口群连成一线，形成东出太平洋、西接欧洲，海上连通日本海、我国华东港口群以及北美和北冰洋的东北航线。

51

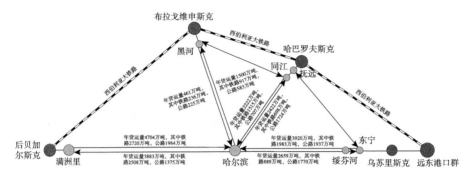

图 4 - 1 黑龙江省物流黄金三角区

提升黑龙江省物流黄金三角区的物流服务保障能力和水平，拓展黑龙江省对外辐射范围，提高国内国外资源要素的集散和转化能力，是黑龙江省统筹推进"五位一体"总体布局、协调推进"四个全面"战略布局的有力措施，也是响应"一带一路"倡议向北开放的重要抓手。

4.2 黑龙江省物流黄金三角区商贸物流发展状况

4.2.1 中俄双方经贸往来情况

2022 年中俄两国进出口总额为 12761 亿元，同比增长 34.4%。其中，我国对俄罗斯出口总额为 5123 亿元，同比增长 17.5%；进口总额为 7638 亿元，同比增长 48.6%。

2022 年黑龙江省对俄进出口总额为 1854.7 亿元，同比增长 41.2%，占全国对俄贸易总额的比例为 14.5%。其中，对俄出口 172.7 亿元，同比增长 61.5%；自俄进口 1682 亿元，同比增长 39.4%。

4.2.2 黑龙江省物流发展现状

2022 年年末，黑龙江省公路线路里程 16.9 万公里，比 2021 年增长 0.6%，其中高速公路 4659 公里，打通了与吉林和内蒙古的 6 个省际高速公路出口。全省铁路营业里程约 6000 公里，高铁营业里程约 1500 公里。截至 2020 年年底，内河航道里程 5495 公里，高等级航道达标里程 2457 公里，港口数量 17 个。

2022 年，全省主要运输方式共完成货运量约 59491 万吨，比 2021 年下降 4.5%。其中，铁路货运量 12955.3 万吨，增长 3.5%；公路货运量 38616.0 万吨，下降 8.2%；公路、铁路货运量占全省货运总量的 86.7%。水路、民航和管道运输货运量共计 7920.1 万吨，分别增长 5.5%、-10.9% 和 2.4%；快递服务量完成 72638.1 万件，增长 20.1%，快递业务收入 89.5 亿元，增长 7.4%。

2022 年，全省各类运输实现货运周转总量 2185 亿吨公里，增长 5.3%。其中，铁路货运周转量 969.3 亿吨公里，增长 9.8%；公路货运周转量 846.1 亿吨公里，增长 3.7%；水路、航空货运周转量均下降，管道货运周转量增长 0.7%。黑龙江省近 11 年货运量变化趋势如图 4-2 所示。

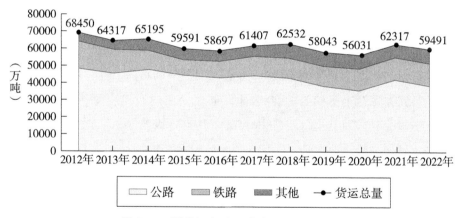

图 4-2 黑龙江省近 11 年货运量变化趋势
数据来源：黑龙江省统计局。

全省从事道路货物运输经营的业户 27.8 万家，拥有营业性载货汽车 48.3 万台，从业人员 56.8 万人，从事货运场站经营的 135 户，从事其他道路货运辅助业务（主要包括搬运装卸、信息配载、货运代理、物流服务等）的有 1156 户以上。从事运输经营的业户 96% 以上为个体运输户，约有 26.8 万户，拥有 5 台车以上的货运企业 2434 家，超过 100 辆以上的货运企业有 248 户，其中从事危险货物运输经营的 426 户，从事大型物件运输的企业 173 户，从事集装箱运输的企业 47 户。

4.2.3 临近我国的俄罗斯州区发展现状

1. 滨海边疆区

滨海边疆区土地面积 16.47 万平方公里，截至 2020 年 1 月，该地区人口约为 189.53 万人，是远东经济较为发达的地区之一。该地区森林资源十分丰富，截至 2015 年，森林面积占其总面积的 77.5%，木材总蓄积量为 19 亿立方米；燃料动力资源丰富，截至 2015 年，已探明的煤矿储量超过 37 亿吨，大小河流蕴含着丰富的水力资源。该区采矿业在俄罗斯占有重要地位，萤石产量占 80%、硼酸产量占 90%、浓缩钨产量占 71%、铅产量占 80%、锡产量占 20%。对我国出口的商品主要是鱼、木材和其他原材料商品等，自我国进口的商品主要为食品、服装、轻工产品、家电、煤炭等。

滨海边疆区是俄罗斯通往亚洲、太平洋地区的前沿地带和门户，交通发达，它通过多个海港、铁路和公路口岸、1 个国际航空港把俄罗斯与亚太国家尤其是东北亚国家紧密联系起来。西伯利亚大铁路末段自北向南穿越该区至终点站符拉迪沃斯托克（海参崴），并有支线通向纳霍德卡港、东方港和波西耶特港。铁路运营里程约为 1600 公里，硬化公路通车里程 7000 余公里。该区海上运输发达，纳霍德卡、符拉迪沃斯托克（海参崴）、东方港、扎鲁比诺、斯拉维扬卡等港口在俄罗斯远东地区处于重要地位。

2. 哈巴罗夫斯克边疆区

哈巴罗夫斯克边疆区面积 78.86 万平方公里，人口约为 130 万人，是俄罗斯远东地区的工业中心，拥有一批在远东地区乃至全俄占有重要地位的大企业。机器制造业是主导产业，林业和木材加工业无论是采伐量还是加工量都居远东地区首位。对我国出口的商品大部分为机器制造产品，小部分为石油产品和木材；自我国进口的商品主要为食品和日用品。

哈巴罗夫斯克边疆区铁路、公路、水路、航空、管道多种运输方式并存。铁路运营里程约为 2000 公里，有西伯利亚大铁路和贝阿干线两条铁路干线过境，铁路承担全部货运量的 43%。硬化公路通车里程 4000 余公里，主要公路干线有阿穆尔干线（赤塔—哈巴罗夫斯克）、乌苏里干线［哈巴罗夫斯克—符拉迪沃斯托克（海参崴）］和哈巴罗夫斯克—阿穆尔共青城干线。

3. 阿穆尔州

阿穆尔州面积 36.19 万平方公里，截至 2019 年，人口约为 79.4 万人，森林资源、矿产资源等都非常丰富。木材蓄积量为 19.54 亿立方米，煤炭总储量 38 亿吨，被称作远东的"煤仓"。对我国出口商品主要为木材、有色金属、化肥等原材料产品，自我国进口商品主要为食品、家电等。

阿穆尔州交通发达，铁路运营里程约为 3892 公里，有两条铁路大动脉——西伯利亚大铁路和贝阿干线通过，腾达至别尔卡基特的铁路也在此营运。硬化公路通车里程为 6800 余公里，联邦级公路干线赤塔—哈巴罗夫斯克干线从该州通过。重要河港有布拉戈维申斯克、斯沃博德内、波亚尔科沃、结雅等。

4. 犹太自治州

犹太自治州面积 3.6 万平方公里，截至 2018 年，人口约为 16 万人，属农业原料型经济，农业在该州国民经济中的比重相对较大，工业规模相对较小。出口我国的商品主要为木材、水泥等原材料产品，自我国进口商品以食品等民用消费品为主。

犹太自治州有较稠密的交通运输网，居民点之间、居民点与自治州中心之间都有公路、铁路或通航河道连接。西伯利亚大铁路通过该州，铁路运营里程约 312 公里，硬化公路通车里程 1600 余公里。

4.3 黑龙江省向北开放存在的短板

在越来越频繁的经贸往来的带动下，黑龙江省跨境物流发展较迅速，但与"一带一路"中长期发展需求、中俄战略性大项目快速落地及黑龙江省成为向北开放新高地的发展定位相比，尚存在明显差距。

4.3.1 基础设施存在短板

东部方向自绥芬河至格罗迭科沃段的 26 公里铁路为套轨铁路，宽轨、标准轨之间的换装设施仍需完善。公路通道仍有 100 余公里为二级公路，路况较差，严重影响运输大宗货物的货车快速、大规模通过。部分重点口岸城市和区域中心城市的综合枢纽建设发展相对滞后，功能不够完善。界河大桥建成后，后方通道问题缺乏系统考虑，如同江铁路大桥建成后衍生同江至向阳川地方铁路运能不足的问题等。

4.3.2 货物流向不够均衡

受我国产业结构、地理位置等多种因素影响，黑龙江省货物流向均衡性较差。内贸货物向我国东南沿海地区运输多，回程货物少；外贸货物从俄罗斯进口的多，出口的少。在信息交互不够充分的情况下，有限的回程货物不能充分集结，运输载具无法保证"重进重出"，导致运输成本增加和运输线路萎缩。

4.3.3 物流组织有待优化

运输服务呈现分段、分节的特点，一体化运输组织水平较低，多式联运发展滞后，集装箱运输方式少，甩挂运输、城市共同配送等先进运输组织模式发展缓慢。运输市场以自发为主，运营企业小、散、乱问题比较严重，无序竞争多发，未形成统一的组织化管理。符合通用标准的半挂车、集装箱、交换箱体等标准化运载单元在道路运输中的应用率较低，托盘、叉车等标准化设备普及程度不高。

4.3.4 信息交互不够充分

跨境与跨界的信息平台建设滞后，商贸、物流、运力以及中外企业的有效信息存在一定程度上的割裂，导致各方决策风险加大、风险成本增加。

4.3.5 降本增效任重而道远

俄方铁路运输部门、俄远东港口装卸公司及境外海运公司对跨境运输市场的价格垄断，导致黑龙江省跨境多式联运成本居高不下，单向货物承担双向物流成本，国内外运输载具标准不统一导致集港换装等环节成本过高，难以常态化运营。

4.3.6 产运融合程度不高

作为我国向北开放高地，黑龙江虽然资源要素能够实现"引得来""出得去"，但资源要素的价值却没有"留下来"。木材等资源，进口后直接转运至我国南部省区，黑龙江省产业落地能力和物流增值能力较弱。

4.4 对黑龙江省经济产生的潜在影响

物流黄金三角区对黑龙江省经济社会当下以及未来具有重要影响，黑龙江省如果不能克服当前的"短板"，不能把握发展机会并形成物流政策引导，形成不了物流业与其他产业紧密的互动关系，则在经济结构调整和实体产业发展方面会有潜在的不利影响。

4.4.1 既有产业空心化

黑龙江省外向型产业规模偏小、水平偏低，长期、稳定、大宗、高附加值的跨国货物运量尚未派生出"规模产业"，对外开放层次亟须提高。近些年，由于物流成本和进出口环节成本偏高，黑龙江省原发形成的小规模产业商贸结合方面缺乏规模物流结构支撑，逐渐呈现发展乏力状态。表面上看，物流总费用与 GDP（地区生产总值）的比率较高；深层次上看，产业缺少低成本要素支撑，特别是实体经济与金融体系的嫁接能力不足，"两极分化"：实体企业的利润维持在较低水平，企业有向成本洼地转移的趋利需求，在供应链系统上体现为大企业强势外移、小微企业弱势边缘化退市，最终导致既有产业空心化。

4.4.2 具有融合能力的优势产业链条尚未形成

在黑龙江省注册、俄远东临近州区运营的规模企业，由于缺乏足够的产业作支撑，目前普遍存在产业渗透、产业交叉、产业重组能力较弱的问题，甚至出现了跨行业的恶性竞争。上述企业在现有条件下无法发挥创新性优化效应、竞争性结构效应和组织性功能效应，难以在经济体系化发展中实现人才资金聚集和产业结构性升级，特别是在跨境物贸发展方面，难以形成优势的产业链条和足够的市场竞争能力，甚至逐步陷入萎缩、退出的境地。

4.4.3 "资本主体转移和市场主体转移"的双重困境

在成本较高、利润较低、人力资源供给不足的情况下，规模以上实体企业将逐步加快转移步伐，或者将企业落地于原料产地，或者迁往消费终端聚集区。与此相适应，社会资本也将随着实体经济的迁移而迁移，在信贷政策、资金投放上更多地向原料产地和消费终端倾斜，本土既有市场面临"资本主体转移和市场主体转移"双重困境。

4.4.4 没有适应大开放体系的物流商贸通道结构会导致新兴产业 "绕行"

随着黑河公路大桥、同江铁路大桥和"滨海1号"国际运输走廊的建成通车，物流黄金三角区内的跨境物流通道整体框架已具雏形，但承接产业落地的低成本物流结构还不能满足产业要素低成本聚集要求。"跟跑型"的物流形式，应该以物流黄金三角区物流体系升级为契机，转变为以政策为驱动的"引领型"物流形式。黑龙江省应该以新一轮的后发优势为引领，让资本与资源在物流黄金三角区落地、耦合、发酵，避免以获取资源为目的的发达地区的资本落地南方和俄远东地区，避免物流黄金三角区新结构布局中的产业出现"绕行黑龙江"问题，避免黑龙江省在新一轮跨境经济竞争中丧失发展先机。

4.5 深耕物流黄金三角区的重要性

在目前的国际形势和新一轮经济结构调整的大背景下，深耕物流黄金三角区具有势在必行的现实性，也具有时不我待的紧迫性。

4.5.1 扩大物流服务半径，降低物流成本，推动产业本土化落地

1. 扩大物流服务半径

通过黑河公路大桥、同江铁路大桥、绥芬河瑚布图河公路桥、抚远（黑

瞎子岛）公路口岸对接"滨海 1 号"国际运输走廊，形成区域内向北、向东北、向东 3 个方向的对外开放大格局。届时物流黄金三角区的物流服务范围将扩展到俄远东联邦、黑龙江、吉林、内蒙古东部地区。经"滨海 1 号"国际运输走廊，在俄远东港口装船，向北可联通欧美，向南可连接亚非；黑龙江省东部地区内贸货物，经"滨海 1 号"国际运输走廊，经俄远东港口转运华东、华南省区，实现"中外中"运输。经同江铁路大桥，增加中欧班列开行列数，加强黑龙江省与欧洲腹地国家的陆路联系。

2. 实现降本增效

黑龙江省应借助其在东北亚地区的区位优势，通过综合发挥各种运输方式的比较优势，加快发展过境运输、多式联运，缩短运输距离，降低物流成本，减少货物在途时间。对目前市场情况进行综合评估，内贸货物和外贸货物的预计综合运输成本和平均在途时间可在现有基础上降低 15%；部分跨境运输项目的综合运输成本和平均在途时间可在现有基础上降低 30%，黑龙江省面向欧亚的枢纽地位得到确立、作用得以发挥。

3. 促进产业落地

依托从俄罗斯进口的矿石、煤炭、木材、粮食、石油化工原料等，通过税收等配套优惠政策，吸引进口的"原字号"产业在黑龙江省落地，形成与黑龙江省现有产业结构相适应、具有明显地域特征和良好市场适应性的工业类型，为服务和支撑东北振兴和全国经济社会高质量发展作出贡献。

4.5.2 引导产业要素低成本聚集，促进产业融合发展，形成更大合力，提高产业链条的抗风险能力和全球竞争能力，增强黑龙江省向北开放的市场驾驭能力

1. "国家战略有位"与"龙江战术有为"有机结合

深入推动东北全面振兴与京津冀协同发展、长江经济带发展、粤港澳大湾区建设等国家战略的对接与互动，加快建设"三桥一岛"枢纽通道和境外物流集散分拨中心，不断完善跨境枢纽通道设施。推动"滨海 1 号"国际运输走廊高效畅通，常态化开行国际班列，加密黑龙江省主要机场与欧洲、北美的客货航班，使黑龙江省开放格局由毗邻地区向俄中部和欧美延伸。

2. 物流产业由"陪跑型"向"引领型"转变

围绕实体经济集聚发展，营造国际化、规模化、网络化、智能化的物流服务产业生态，建设国际产业要素资源组织中心，实现基于供应链、延伸产业链、提升价值链的新突破，推动现代物流与实体经济、枢纽城市融合发展。以市场化运作、信息化技术作支撑的商贸物流一体化新型业态经济组织为引领，统筹实施资源、产业、物流一体化配置，全力打造面向欧亚的物流枢纽区。

3. 国际市场供给与国内市场分销的一体化发展

依托中心城市，建设国际枢纽城市，推动中心城市引领、全域开放新格局形成。对标俄罗斯符拉迪沃斯托克（海参崴）自由港，依托哈尔滨城市圈强大的集聚辐射能力，打造东北亚国际门户枢纽城市，使之成为全省开放发展的核心引擎。联合培育大庆、齐齐哈尔、佳木斯、牡丹江 4 个区域枢纽城市，引领全省融入东北亚经济圈，以与俄罗斯合作为主要方向，推动包括日本、韩国、蒙古、朝鲜等国在内的东北亚地区全面合作。通过产业链条的重塑与系统整合，将黑龙江省由资源输出型省份逐步转变为资源输入型省份，显著提高工业产品附加值，真正由"末梢"变为对外开放前沿，大幅提升黑龙江省向北开放的市场驾驭力、产品供给力和风险抵抗力。

4.5.3 优化物流黄金三角区的商业环境和政策环境，增加该区域地理附加值，引导商贸回流、产业回流

在区域内精耕细作物流产业的同时，影响和带动区域内营商环境进一步改善，降低实体经济运行成本，提升服务质量，形成社会资本、生产原料、人力资源聚集的"洼地"，促进跨境电商、专业交易市场和供应链金融服务加快发展。

1. 发展跨境电商

培育领航数贸、中机、赛格等本地国际电商企业，打造面向欧亚的跨境电商产业集群和服务基地。推进对俄贸易大厦、对俄电子交易平台、展览展示中心建设，构建对欧国际化采购交易平台。在哈尔滨、黑河、抚远、同江、绥芬河等城市建设进口商品展销中心、国际商品展示中心、O2O（Online to

Offline，线上到线下）电商体验中心、保税直购中心等。

2. 建立专业交易市场

依托从俄罗斯进口的木材、水产品等大宗货物，加快建立专业交易市场，集聚商流、物流、信息流、资金流并逐步实现体系化、规模化发展。以专业交易市场为桥梁和纽带，在黑龙江地域范围内促进国内资本与俄罗斯资源的交割互动。

3. 发展跨境金融结算

改变当前黑龙江省对俄罗斯等国出口以 FOB① 条款、进口以 CIF② 条款为主的国际贸易方式。依托不断完善的跨境集疏运体系，发挥黑龙江省卢布结算和自由兑换良好基础，不断拓展对俄贸易大宗商品和跨境电商产品的交易结算业务，率先实现黑龙江省对俄贸易的人民币结算，探索出一条以边境贸易为驱动的人民币国际化新路径，促进对俄贸易不断增值。适时将这种模式延伸至国际航空运输等领域，拓展至欧洲其他国家以及东北亚和北美地区国家。

4.6　科学预判物流黄金三角区的货物流向与变化趋势

适应未来一定时期区域内物流变化趋势，形成东出西联、双向互济的发展格局。在既有物流通道内的货物饱和之前，保持区域内货物进出可持续发展是当务之急，之后规划建立新的物流通道意义重大。

科学预判未来物流黄金三角区的货物流向，对于提前布局、改善环境和有目的地剔除短板具有极强的现实意义，这将引发一场世界贸易格局的重大变革。

在 2025 年之前，物流黄金三角区的跨境物流进出口总量将突破 4500 万吨（不含管道油气运输），这个时期以满足黑龙江腹地经济与口岸经济共同发展为主，货物流向主要是由 5 条口岸通道向省会城市汇集。黑龙江省和涉及其他省份城市的资源分布及货运量预测如图 4 - 3 所示。

---

① Free on Board，离岸价格。
② Cost Insurance and Freight，成本加保险费加运费。

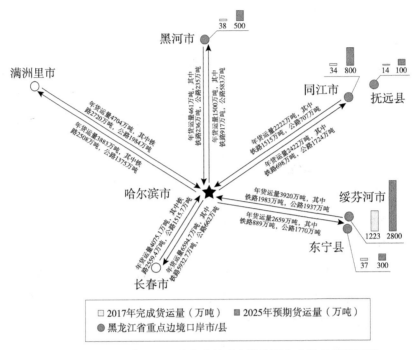

图4-3　黑龙江省和涉及其他省份城市的资源分布及货运量预测

2025年以后，随着"一带一路"倡议的完全国际化，我国腹地商贸量将会大增，中欧班列数量也会激增。既有的阿拉山口、二连浩特、满洲里、同江、绥芬河5条"通俄达欧"铁路将"货满为患"，届时可从技术层面和需求导向上着力打造经符拉迪沃斯托克（海参崴）的北冰洋东北航线，以无限量的远洋运输满足"规模商贸大发展"的需求。届时我国大宗商品货物的进出口流向将由原来的"向西流动"改变为"向东流动"。黑龙江省内外贸货物中的绝大部分也会随着整体货物流向的改变而改变，将会体现为由原来的以向省会城市流动为主变为以向口岸地方向（特别是绥东口岸方向）流动为主。物流黄金三角区货物变化趋势预测如图4-4所示。2014—2022年中欧班列开行列数如表4-1所示。

表4-1　　　　　　　　　2014—2022年中欧班列开行列数

年份	2014	2015	2016	2017	2018	2019	2020	2021	2022
开行列数/列	308	815	1702	3673	6300	8225	12406	15183	16000

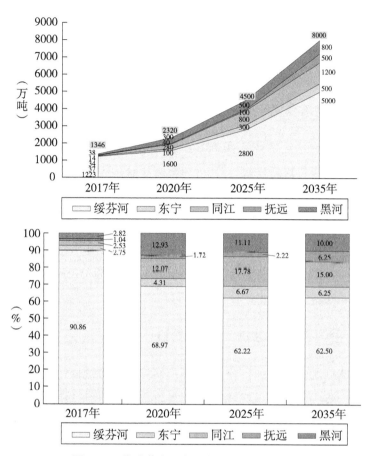

图 4-4 物流黄金三角区货物变化趋势预测

数据来源：中国一带一路网。

深耕物流黄金三角区，有助于解决西向经二连浩特、满洲里入境俄罗斯的通道拥堵问题，将原来进出境货物的一部分分流至黑龙江省北部、东北部和东部口岸。目前俄罗斯西伯利亚大铁路运输能力已经无法满足激增的货物运量需求，批量货物将通过"滨海1号"国际运输走廊，借助远东港口群，形成连通世界的通达之势。届时黑龙江省将成为"国家物流"流量与流向的核心载体区，成为我国与世界联通的重要"窗口"。

4.7 科学研判未来发展趋势

以中亚、东亚为主的消费市场正在逐步成型，黑龙江省未来对外贸易的主要对象将随着中欧班列的常态化运行以及国际航线的全面布局由俄罗斯远东地区逐步转向"一带一路"沿线国家乃至全球，未来将呈现"买全球、卖全球"格局。

4.7.1 把握经济重心转移的发展态势

当前不管是发达经济体还是新兴经济体、商品出口国还是商品进口国，都正在经历经济增速放缓阶段。在经济增速放缓的大环境下，全球经济重心向亚太地区特别是亚洲地区转移，大量资金和金融资本的流入给这一地区的发展带来了前所未有的机遇。高质量增长的中国经济正在给亚洲、世界带来更多的全新发展机遇。精准对接"一带一路"倡议下东亚经济蓬勃发展带来的巨大机遇，将是黑龙江省未来产业发展的主要方向，物流发展体系也将精准服务于黑龙江省产业转型发展的大方向。

4.7.2 抢占消费市场快速增长的先机

北美和欧洲两大市场的网络零售增长偏慢，亚太地区的网络零售则继续保持高增长的势头，亚太地区成为全球零售市场最具活力的地区。我国零售业消费市场体量巨大，无论是在跨境网上销售方面还是在购买方面，持续增加的网购用户数量和不断提高的购买力，都是推动我国网络零售持续增长的主要因素。根据商务部2023年1月公布的信息，2022年我国网络零售额达到13.79万亿元，稳居全球网络零售市场首位。黑龙江省具有产业、区位、中欧班列以及国际航线等优势，建设辐射欧亚的网络交易分拨集散中心，服务于我国和俄罗斯、日本、韩国等其他国家，并逐步辐射欧洲、东南亚、南亚等地区，未来黑龙江省跨境电商货运量将激增。

4.7.3 服务保障中俄战略性大项目落地

随着世界政治格局演变和"一带一路"倡议实施，中俄全面战略协作伙伴关系持续深化，中俄经贸合作正加快实现从规模速度型向质量效益型转变，2023年中俄两国就中俄新时代全面战略协作伙伴关系发展和双边务实合作重要问题深入交换意见，商定将坚定奉行相互尊重和平等互利原则，实现两国长期自主发展，推动中俄经济和贸易合作高质量发展，为全面推进双边合作注入新动力，保持两国货物和服务贸易快速发展势头，致力于 2030 年前显著提升两国贸易额。

4.8　把握物流黄金三角区物流发展的总体原则

系统研究和统筹推动物流黄金三角区物流发展，要贯彻落实黑龙江省关于"打造一个窗口、建设四个区"的决策部署，坚持市场对物流资源配置的决定性作用，更好地发挥政府的作用；按照问题导向、需求导向和目标导向，完善总体布局，强化运输组织，优化发展环境，平衡货物流向，打造国际国内省内衔接、辐射层级功能清晰、服务总体运行高效、牵引要素集聚增值的物流服务体系；推动交通领域供给侧结构性改革，提升黑龙江省经济产业竞争优势能级，助力实现交通与经济高质量发展。

4.8.1　坚持全球视野

充分发挥黑龙江省作为我国向北开放新高地、面向欧亚及背靠内陆的区位优势，面向全球市场，汇聚全球资源，以我国经济增长动能由主要依靠投资、出口拉动向依靠消费、投资、出口协同拉动转变为突破口，突出跨境运输需求，优化设计跨境运输枢纽及通道设施，增强跨境运输服务，将黑龙江省打造成我国向北开放的运输组织高地和供应链服务中心。

4.8.2　坚持分层布局

从发挥大通道内外辐射能力出发，按照运输、物流降本增效和合理流量流向的内在规律，对既有和规划建设的运输通道进行功能梳理，开拓黑龙江省更稳定、更便捷的对外通道，扩展国际和国内省际物流体系辐射区域，打造有机衔接、高效运转的城际物流体系，全面提升重要枢纽发展动能，构建结构合理、布局优化的分类、分层、分级物流枢纽网络体系。

4.8.3　坚持适度超前

基础设施建设应做到适度超前、有效投资，由重建设向重服务转变。一方面，注重打通制约物流发展的关键薄弱环节；另一方面，通过培育枢纽整体发展能力，向枢纽运输要素集聚发展要效益、向运输服务降本增效要市场、向规范经营管理要品质，全面提升和强化枢纽通道运输、网络运输组织功能，推动黑龙江省物流服务系统优化升级。

4.8.4　坚持融合联动

加强物流体系与产业高效联动，围绕内需型产业链构建、产业集群培育以及价值链分工协作，依托现代运输服务链、供应链组织，推进黑龙江省物流业广领域、多业态、全方位融合发展，培育枢纽经济新范式，提升物流体系的发展支撑力、空间拓展力和战略引领力。

4.9　研究落实加快物流黄金三角区物流发展的具体措施

4.9.1　加快培育陆海联运通道

全面对接"滨海1号"国际运输走廊，进一步发挥黑龙江省在东北亚的区位优势，推动黑龙江省与周边国家地区更大范围、更广领域、更深层次经贸合作，充分发挥黑龙江省在国家向北开放战略中的先导作用。以对接"滨海1号"国际运输走廊为契机，加快培育和发展陆海联运通道。该通道以符拉迪沃斯托克（海参崴）为起点，连接上海、太仓、虎门，辐射韩国釜山、日本新潟，向南呼应"海上丝绸之路"，向北连接"冰上丝绸之路"，形成我国东北及蒙东地区就近借港出海、连接欧美的国际商贸新通道。该联运通道培育成熟后，黑龙江省东部地区粮食运输可采取"中外中"物流模式，转运至华东、华南省区，有利于节约粮食运输成本和平衡货物进出流量，促进该三角区域物流健康、良性发展。

4.9.2　发展哈尔滨经济圈环线

以哈尔滨为中心的1小时、2小时经济圈集中了全省近一半的人口、一半以上的 GDP，该区域具有产业基础、区位和交通基础设施等多项优势，是全省交通需求最高的区域。

加快构建一体化、高效、无缝对接的快速铁路网和高速干线公路网，可为经济圈要素自由流动提供交通支撑，促进经济圈一体化发展，加强经济圈对外全方位联系：一是加快以哈尔滨为中心的区域快速铁路网建设，推动哈尔滨至绥化城际铁路建设，谋划建设大庆至绥化城际铁路；实施滨北铁路哈尔滨至绥化段电气化改造，提高既有铁路技术标准；推进呼兰至北安、大庆至明水铁路建设。二是完善以哈尔滨为核心的高速公路网和干线公路网，建设哈尔滨都市圈环线，推动京哈高速扩容改造、绥满高速大庆过境段等国家高速公路建设，推进绥化至大庆等地方高速公路建设，谋划哈尔滨机场高速公路扩容改造与新通道建设；加快推进普通国道、省道建设等。

4.9.3　补齐跨境基础设施短板

尽快打通中俄商贸物流"血脉"。综合考虑跨境基础设施建设进度、跨境客运货运增长情况以及中俄战略性大项目落地情况等，重新规划布局黑河、同江、抚远、绥芬河等重要节点城市的场站基础设施，调动社会资本和企业积极性，适度超前发展。支持黑龙江省运输企业在符拉迪沃斯托克（海参崴）、斯拉维扬卡等地参与境外港口建设运营以及境外储运基地建设工作。

4.9.4　完善陆港枢纽建设布局

按照陆港枢纽所具备的物流、换装换载、信息服务平台功能以及陆港枢纽市场化、专业化、信息化、专线化、集装化发展趋势，在黑龙江省统筹布局哈尔滨（绥化）核心枢纽载体城市以及牡丹江、大庆、齐齐哈尔、佳木斯、黑河区域枢纽载体城市。鼓励哈尔滨、牡丹江、大庆、佳木斯、齐齐哈尔等城市采取连锁经营的模式，开展枢纽战略合作联盟工作；促进枢纽标准化、专业化发展，建立资源共享、利润分配机制，避免恶性竞争，优化区域内仓储、运输格局，充分盘活存量资产；提高枢纽信息化程度，优先鼓励运营主体整合第三方物流企业以及货运司机资源，提升车货匹配效率。

4.9.5　培育综合运输运营主体

　　开展物流企业联盟试点示范工作，加强政企交流合作，探索国内外贸易细分市场、联盟发展的路径；鼓励省内物流企业积极借鉴欧美等发达国家企业经营模式，拓展经营网络，扩大经营范围，创新业务模式；加强重点物流企业设施建设、运营等方面的政策保障；创新社会物流体系运作模式，大力推行货运经纪服务体系与无车承运人服务；大力倡导生态型物流园区管理模式，延伸咨询服务、包装加工、培训服务功能，配套金融、生活服务设施；拓展物流企业经营模式，打造"基地＋网络"新模式，以第四方服务平台为基础，打造线上信息交易平台、线下物流信息交易市场、第三方物流场站、物流招投标结算中心协同发展的物流网络化经营体系；发展"商贸＋物流"新模式，帮助生产企业建立长久采购、销售渠道，延伸产品辐射半径；借鉴中联网仓仓储模式，支持商家就近入仓，减少运输环节，缓解区域性仓储紧张矛盾；引导龙头企业搭建中小物流企业创业发展平台，提供货源、专用金融等服务，加快中小企业资源整合，建立连锁经营模式，在规模网络成型的基础下，通过并购整合等方式，引导连锁经营模式向直营化模式发展。

4.9.6　强化多式联运组织功能

　　大力发展集装箱多式联运，进一步提高集装箱保有量，加强冷藏集装箱、罐式集装箱应用，适应客户多元化需求，加强集装箱共享共用，降低集装箱调空比例；加快推进铁路货物集装化、零散货物快运化运输；大力发展公路甩挂运输，重点推动多式联运甩挂、企业联盟及无车承运甩挂等模式发展；有序发展铁路驮背运输、"卡车航班"空陆联运等组织模式；积极培育全程"一次委托"、运单"一单到底"、结算"一次收取"的多式联运经营人，加快发展无车承运模式；引导建立与多式联运经营相适应的企业联盟等，组建龙头骨干企业，鼓励企业创新多式联运全程组织模式，探索各类资源整合共享的一体化经营模式，提升全流程风险控制水平。

4.9.7 推动标准国际化建设

加强国际标准如俄罗斯标准跟踪、评估以及中外标准差异性和等效性研究，结合国内外交通运输实践，支持交通运输企业实质性参与国际标准如俄罗斯标准国内化进程，加快适合黑龙江省物流发展的国际标准的引进转化步伐，提高我国标准与国际标准的一致性、兼容性。深入参与国际标准制定、修订工作，培育和推动有行业优势和特色的国家技术标准成为国际标准或俄罗斯标准，提高我国在国际标准化工作中的影响力。大力推进自主研发标准"走出去"工作，组织重要铁路技术规范及公路、水运工程技术标准等的外文出版工作，结合海外工程承包、设备出口和对外援建等推广中国标准。加强标准化工作的国内外宣传交流与培训，学习借鉴典型发达国家的先进标准化管理经验，推动标准化工作与交通运输现代化建设相适应。

4.9.8 建设东北亚物流信息港

在国家资金、政策的扶持下，采取市场化模式建设东北亚物流信息港，形成资源、商贸与物流"三位一体"的配置引擎，强化贸易撮合，优化物流供给，促进国际商贸与物流进一步形成相互促进、相互制约的反馈关系。融合多源基础信息，对接既有政府相关基础设施管理平台和运输企业信息平台，将基础设施路网、物流园区、仓储站点、港口等静态信息，以及集装箱状态、船期状态、铁路和航空等动态信息，系统整合，利用动态芯片等成熟技术，实现对货物和车辆跟踪的实时查询及运输路径检索，以及基于大数据的运输方案设计等，实现散货物流需求整合，为客户提供最优化的物流服务，形成"线上资源合理配置，线下物流高效运行"的信息化服务大格局。

4.9.9 延伸国际物流产业链条

利用中俄两国资源和产业互补性较强优势，围绕中俄重点合作的粮食、木材进口产业，延伸服务链条，增强对俄产业的控制力，提升对俄产业附加值。粮食方面，重点在远东地区大豆、小麦产区通过订单农业等模式，掌握一手粮源，合理布局收储基地，完成粮食进口最先一公里布局。加大对粮食收储区铁路场站设施的整合力度，形成粮食回运的组织中心。木材方面，加强与木材主要产区的合作，延伸初加工链条，开展木材的回运组织。发挥海运通道及铁路通道优势，与粮食回运形成发展合力，畅通粮食、木材铁路干线大运量通道，通过海铁联运等方式，与绥芬河口岸和未来的同江铁路口岸联动，构建资源性产品境外组织中心和国际联运大通道。

4.9.10　促进物流产业融合发展

围绕全省石化、农产品加工等核心产业，推动物流服务与生产制造联动；加快重要工业园区、产业集聚区物流体系建设；推动铁路专用线等大运量物流基础设施建设，为大宗商品的规模外运提供支撑；培育多式联运承运人，依托黑龙江省物流枢纽，加强与国内其他省份物流枢纽的业务合作，开展"枢纽＋通道＋网络"大宗商品物流服务体系建设，降低黑龙江省商品外运成本，提升黑龙江省商品的市场竞争力，扩大商品辐射范围。利用全省网络化、高效率和低成本的物流系统，构建完善的产业供应链服务体系，按照产业布局的成本和效率优势，推动石化、木材加工、农产品加工等产业空间优化布局，重点向发展条件较好的枢纽中心聚集。不断延伸生产制造产业链条，加快产业链下游深加工环节聚集，增加产业附加值，打造具有区域乃至国际竞争力的现代产业集群，促进黑龙江省产业高质量发展。

5　双循环与统一大市场对黑龙江省现代物流的影响研究

加快建设双循环与全国统一大市场发展战略，是以习近平同志为核心的党中央立足我国发展现实与当前国际局势做出的重要决策。建设全国统一大市场，是深化认识社会主义市场经济规律的需要，目的是解放和发展社会生产力，深化要素市场化改革，推动构建以国内大循环为主体、国内国际双循环相互促进的新发展格局，进而实现高质量发展。现代物流作为商品资源高效流通的有效支撑，既是推进双循环格局建设的关键力量，也是受全国统一大市场建设影响的重点行业，更是体现我国市场规模和水平的显著标志。

本章分析了双循环格局、全国统一大市场发展趋势，并对黑龙江省现代物流业发展进行了研究，主要是了解发展现状、分析机遇挑战、归纳现实困境，借鉴国外发达国家的优秀经验，提出黑龙江省现代物流未来发展的现实路径。

5.1　双循环格局发展趋势分析

5.1.1　双循环格局内涵

何为双循环格局？双循环是以产业链和供应链为核心、以科技创新为动力，量与质并重的循环体系。双循环既要求国内循环与全球供应链、价值链和产业链深度融合，又需要使国际循环为实现更高水平国内循环提供动力支撑，进而形成相互交融、相互促进的格局。

5.1.2 双循环格局发展历程

根据双循环格局时间段，可将内循环和外循环主导关系演变划分为内循环主导阶段、外循环主导阶段、国内外协同发展阶段以及双循环格局阶段 4 个阶段（见图 5 - 1）。

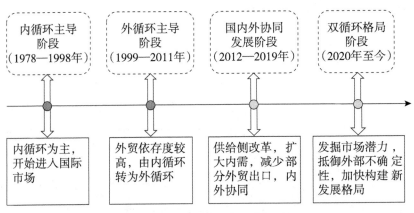

图 5 - 1 我国双循环格局发展历程

1. 内循环主导阶段（1978—1998 年）

改革开放是以经济建设为中心、全面建设中国特色社会主义的新起点。我国制造业处于工业化发展的中前期，以内循环为主，但随着对外开放的深入推进，我国也开始进入国际市场，贸易总额逐年增加。

2. 外循环主导阶段（1999—2011 年）

此阶段我国加入世界贸易组织，外贸依存度较高，在 2006 年达到了 67%，经过第一阶段的发展，我国双循环发展阶段由以内循环为主转变为以外循环为主。

3. 国内外协同发展阶段（2012—2019 年）

此阶段我国开始深入推进扩大内需战略，以国内消费需求承接部分外贸对经济发展的拉动作用，但受国际金融危机等国际环境的影响，我国外贸发展严重受阻，基于此，我国一方面保持较高水平的进出口比例，实现经济的中高速发展，另一方面开始实施供给侧结构性改革，扩大国内需求，规避国际产业链供应链不确定带来的风险。

4. 双循环格局阶段（2020 年至今）

新冠疫情给我国经济发展带来一定冲击，为了降低影响，有效应对国内外发展的不确定性，深化供给侧改革，进一步发掘我国庞大市场的内需潜力，加速构建国内国际双循环相互促进的新发展格局战略任务被正式提出，我国双循环格局进入新发展阶段。

5.1.3　双循环发展水平评价指标体系构建

1. 双循环发展水平评价指标体系

本章遵循"以国内大循环为主体"和"国内国际双循环互相促进"原则，构建双循环发展水平评价指标体系。设计内循环发展水平评价指标体系时，把内需放在重要位置；设计外循环发展水平评价指标体系时，把外贸外资放在重要位置。最终结合省级层面可获得的数据，内循环发展水平评价指标体系共确定了 6 个二级指标、31 个三级指标，外循环发展水平评价指标体系共确定了 3 个二级指标、5 个三级指标（见表 5 - 1）。

表 5 - 1　　　　　　"双循环"发展水平评价指标体系

一级指标	二级指标	三级指标	类型
内循环发展水平	人口城镇化指数	城镇人口比重	正向
		城镇单位就业人数/年末人口	正向
	经济发展水平	人均 GDP	正向
		人均地方财政收入	正向
		第三产业产值比重	正向
		技术市场成交额	正向
		专利申请授权数	正向
		城镇居民人均可支配收入	正向
	数字经济发展水平	每万人互联网宽带接入用户数	正向
		信息传输、软件和信息技术服务业人员占比	正向
		人均电信业务总量	正向

续　表

一级指标	二级指标	三级指标	类型
内循环发展水平	数字经济发展水平	每百人移动电话用户数	正向
		北京大学数字普惠金融指数①	正向
	供给侧结构性改革	粗钢产量	负向
		水泥产量	负向
		商品房销售额	正向
		企业资产负债率	负向
		企业 R&D 投入	正向
	社会保障体系	医疗保险社会综合覆盖率	正向
		养老保险社会综合覆盖率	正向
		失业保险社会综合覆盖率	正向
		最低生活保障人数占比	负向
	公共服务体系	专任教师负担小学生人数	负向
		专任教师负担中学生人数	负向
		每千人医疗卫生机构床位数	正向
		每千人拥有卫生技术人员数	正向
		单位人口拥有图书馆藏量	正向
		每万人拥有公交数量	正向
		人均拥有道路面积	正向
		人均公园绿地面积	正向
		污染治理完成投资额	正向
外循环发展水平	贸易水平	进口额	正向
		出口额	正向
	投资水平	外商投资额	正向
	高新技术水平	高新技术产品进口	正向
		高新技术产品出口	正向

---

① 郭峰、王靖一、王芳、孔涛、张勋、程志云，《测度中国数字普惠金融发展：指数编制与空间特征》，《经济学（季刊）》。

2. 双循环发展水平测算

本章主要以省级数据作为研究出发点，由于各指标单位和量级不统一，需要对数据进行处理：首先，运用极值法对各指标初始数据进行标准化处理；其次，运用熵值法确定各指标权重；最后，加权得出各部分 2017—2021 年双循环发展水平。

（1）数据标准化——极值法

由于本章双循环发展水平评价指标体系中指标方向不同，即有的指标是数据越大越好，有的指标是数据越小越好，因此需对数据进行标准化处理，具体计算公式如下。

正向指标：
$$Y_{\theta ij} = \frac{X_{\theta ij} - X_{\theta i,\min}}{X_{\theta i,\max} - X_{\theta i,\min}}$$

负向指标：
$$Y_{\theta ij} = \frac{X_{\theta i,\max} - X_{\theta ij}}{X_{\theta i,\max} - X_{\theta i,\min}}$$

上述公式中，$Y_{\theta ij}$ 表示处理后的值，$X_{\theta ij}$ 表示原始数值，θ 表示年份，i 表示省份，j 表示双循环发展水平评价指标体系中的某一项指标，max 表示最大值，min 表示最小值。

（2）权重确定——熵值法

熵值法是根据指标中数据的离散程度来确定权重的一种方法，离散程度与指标权重存在正向影响关系，即离散程度越大，该指标对综合评价的影响越大。因此，本章通过测算 10 个省份双循环发展水平评价指标体系各数据的离散程度来确定权重，加总计算得到各地双循环发展水平。

①针对数据为 0 的问题，这里主要采取的方法是对其进行非负平移，即为其设置一个固定的正数。

$$Z_{\theta ij} = Y_{\theta ij} + A$$

其中，$Z_{\theta ij}$ 是平移后数值，A 为平移幅度（本章设置 A 为 0.0001）。

②确定指标权重：

$$P_{\theta ij} = \frac{Z_{\theta ij}}{\sum_{\theta}^{i} Z_{\theta ij}}$$

$P_{\theta ij}$ 代表 θ 年 i 省份 j 项指标的权重。

③熵值：

$$e_j = -k \sum_\theta^i P_{ij} \ln p_{ij}, \quad k > 0 \;（取值为 \frac{1}{\ln m}）, \quad 0 \leqslant e_j \leqslant 1$$

④信息效用值：

$$g_j = 1 - e_j$$

⑤指标权重：

$$w_j = \frac{g_j}{\sum_j g_j}$$

⑥加权计算综合得分：

$$H_{\theta i} = \sum_j \left(w_j Z_{\theta ij} \right)$$

3. 内循环发展水平

（1）人口城镇化指数

新型城镇化有助于解决社会问题，促进国民经济健康发展，对构建新发展格局具有不可替代的重要作用。城镇化是深度挖掘巨大内需潜力的重要抓手，城镇化的关键在于推动农业转移人口市民化以及提升人口素质，本章从城镇人口比重和城镇单位就业人数/年末人口两个方面对 10 个省份人口城镇化指数进行测算，10 个省份人口城镇化指数测算结果如表 5-2 所示。

表 5-2　　　　　　　10 个省份人口城镇化指数测算结果

年份	2017	2018	2019	2020	2021
黑龙江	0.02007	0.02162	0.02760	0.02384	0.02397
吉林	0.00781	0.00791	0.00833	0.00868	0.00891
辽宁	0.02208	0.02258	0.02356	0.03041	0.03188
内蒙古	0.02145	0.02272	0.02409	0.02554	0.02668
新疆	0.01065	0.01239	0.01363	0.01439	0.01518
广西	0.00719	0.00858	0.00986	0.01119	0.01225
云南	0.00000	0.00198	0.00393	0.00578	0.00697
海南	0.01645	0.01735	0.01745	0.01822	0.01904
广东	0.03217	0.03327	0.03407	0.03540	0.03593
浙江	0.02866	0.02941	0.03163	0.03205	0.03262

（2）经济发展水平

经济发展是一切社会活动开展的基础，经济发展水平反映了一国或者一个地区的发展状况和发展潜力。对经济发展水平，需要进行综合评价，如果仅仅用 GDP 来衡量显然是片面且局限的，这里选取了以下指标：人均GDP、人均地方财政收入、第三产业产值比重、技术市场成交额、专利申请授权数、城镇居民人均可支配收入。10 个省份经济发展水平测算结果如表 5 - 3 所示。

表 5 - 3　　　　　　　　10 个省份经济发展水平测算结果

年份	2017	2018	2019	2020	2021
黑龙江	0.00922	0.01385	0.01856	0.02018	0.03009
吉林	0.02064	0.02701	0.03156	0.03335	0.03008
辽宁	0.03838	0.04765	0.05420	0.05992	0.07077
内蒙古	0.03549	0.04301	0.05047	0.05150	0.06324
新疆	0.01889	0.02602	0.03813	0.03731	0.03551
广西	0.00820	0.01343	0.01825	0.02126	0.04867
云南	0.01569	0.02153	0.02589	0.02785	0.03703
海南	0.02790	0.03546	0.04177	0.04403	0.05519
广东	0.12555	0.16360	0.19901	0.25355	0.30777
浙江	0.10460	0.13248	0.14883	0.18056	0.21667

（3）数字经济发展水平

数字经济的发展极大地提高了生产效率，加快了企业发展速度，推动了区域性产业集聚，有利于形成畅通的新发展格局。本章借鉴已有研究成果，从城市互联网发展水平和数字金融发展水平两个方面对数字经济综合发展水平进行测算。对城市互联网发展水平的测算，主要从以下几个指标出发：每万人互联网宽带接入用户数；信息传输、软件和信息技术服务业人员占比；人均电信业务总量；每百人移动电话用户数等。对数字金融发展水平的测度，则采用了北京大学数字普惠金融指数。10 个省份数字经济发展水平测算结果如表 5 - 4 所示。

表 5 – 4   10 个省份数字经济发展水平测算结果

年份	2017	2018	2019	2020	2021
黑龙江	0.01702	0.03040	0.04364	0.05184	0.03593
吉林	0.01785	0.02576	0.04304	0.04477	0.03935
辽宁	0.02493	0.03775	0.05032	0.06014	0.03649
内蒙古	0.02011	0.03948	0.05479	0.06517	0.03944
新疆	0.00825	0.02524	0.04693	0.06525	0.04031
广西	0.00838	0.02916	0.04463	0.05947	0.03672
云南	0.01050	0.02912	0.04790	0.06276	0.03207
海南	0.02347	0.04510	0.06133	0.03798	0.04991
广东	0.04131	0.05956	0.07579	0.08489	0.05659
浙江	0.04692	0.06865	0.08958	0.10108	0.06954

（4）供给侧结构性改革

当前，深化供给侧结构性改革，提高供给质量，以超大规模内需带动国内分工体系和供应链优化，促进经济增长和产业结构升级，稳定我国国际市场份额，能推动供需实现更高水平的平衡。供给侧结构性改革就是从行业企业生产端入手，"三去一降一补"。下面主要从粗钢和水泥产量、商品房销售额、企业资产负债率和企业 R&D 投入几个方面衡量 10 个省份供给侧结构性改革成果。10 个省份供给侧结构性改革测算结果如表 5 – 5 所示。

表 5 – 5   10 个省份供给侧结构性改革测算结果

年份	2017	2018	2019	2020	2021
黑龙江	0.04805	0.04785	0.04787	0.04607	0.04792
吉林	0.03679	0.04005	0.03834	0.03752	0.03676
辽宁	0.04525	0.04778	0.04669	0.04855	0.04810
内蒙古	0.03204	0.03219	0.03030	0.02976	0.02830
新疆	0.03248	0.03345	0.03153	0.03165	0.03552
广西	0.03516	0.03823	0.03946	0.03712	0.03773
云南	0.02974	0.03347	0.03303	0.03364	0.03191
海南	0.04274	0.04088	0.03768	0.03834	0.03948
广东	0.15885	0.16871	0.18311	0.20582	0.18884
浙江	0.09996	0.11096	0.11794	0.13585	0.15088

（5）社会保障体系

新发展格局下，优化收入分配结构和完善社会保障体系可以为扩大内需、畅通国内循环提供支撑。完善多层次的社会保障体系，加快医疗、教育等公共领域改革，提高民生保障标准，有利于增强居民消费意愿，降低居民预防性储蓄意愿，让居民放心消费。下面从医疗保险社会综合覆盖率、养老保险社会综合覆盖率、失业保险社会综合覆盖率和最低生活保障人数占比 4 个方面来衡量 10 个省份的社会保障水平。10 个省份社会保障水平测算结果如表 5－6 所示。

表 5－6   10 个省份社会保障水平测算结果

年份	2017	2018	2019	2020	2021
黑龙江	0.01852	0.02316	0.02629	0.02855	0.02992
吉林	0.01726	0.02162	0.02113	0.02417	0.02971
辽宁	0.03412	0.03543	0.03759	0.03840	0.03956
内蒙古	0.01873	0.02043	0.02243	0.02405	0.02621
新疆	0.01191	0.01896	0.02254	0.02465	0.02674
广西	0.01102	0.01222	0.01380	0.01980	0.02491
云南	0.00767	0.01508	0.01659	0.01869	0.02022
海南	0.02828	0.03265	0.03441	0.03807	0.04076
广东	0.05200	0.04832	0.04932	0.05086	0.05298
浙江	0.04357	0.04631	0.04851	0.05146	0.05376

（6）公共服务体系

公众拥有享受一定公共服务的权利，政府会提供公共服务，用于满足居民需求并提高其效用水平。提高公共服务水平，使民生福祉达到新水平，创造新供给，拉动新需求，促进人员流动，有利于推动国内大循环发展。下面从公共卫生、基础教育、公共设施和环境保护等方面选取 9 个指标来测算 10 个省份的公共服务水平。10 个省份公共服务水平测算结果如表 5－7 所示。

表5－7   10个省份公共服务水平测算结果

年份	2017	2018	2019	2020	2021
黑龙江	0.07209	0.07861	0.07087	0.09845	0.11444
吉林	0.07401	0.08369	0.08349	0.10370	0.11430
辽宁	0.08528	0.08851	0.09090	0.09920	0.11624
内蒙古	0.13707	0.13567	0.13013	0.13412	0.15584
新疆	0.09372	0.09426	0.10370	0.09405	0.08809
广西	0.03606	0.04561	0.05424	0.06006	0.07448
云南	0.03507	0.04271	0.05727	0.07365	0.07284
海南	0.04838	0.04288	0.05179	0.06112	0.09021
广东	0.08324	0.08474	0.07411	0.07003	0.08875
浙江	0.11230	0.12049	0.12681	0.13893	0.11334

4. 外循环发展水平

（1）投资水平和贸易水平

投资、贸易作为连接国内市场与国际市场的桥梁，在构建双循环新发展格局中发挥着重要作用，提高投资水平和贸易水平，有助于营造公平公正的竞争环境、吸引外资主动流入、促进国内国际要素顺畅循环、实现经济高质量发展。下面对10个省份的投资、贸易水平进行测算，结果如表5－8所示。

表5－8   10个省份投资水平和贸易水平测算结果

年份	2017	2018	2019	2020	2021
黑龙江	0.01547	0.01804	0.02074	0.02371	0.02545
吉林	0.01626	0.01543	0.01672	0.02350	0.02572
辽宁	0.02333	0.02474	0.02724	0.03122	0.03957
内蒙古	0.03503	0.03304	0.03749	0.04044	0.04235
新疆	0.02971	0.02953	0.0345	0.03835	0.02744
广西	0.01791	0.02118	0.02663	0.02970	0.02843
云南	0.0081	0.01075	0.01347	0.01733	0.01691
海南	0.02254	0.01993	0.02517	0.02400	0.04240
广东	0.02115	0.01996	0.02141	0.02086	0.02582
浙江	0.05010	0.05375	0.05716	0.05419	0.05262

（2）高新技术水平

高新技术水平作为国家强盛发展的核心竞争力指标，高新技术产品的大规模应用和产业迭代升级的独特优势，有助于推动我国经济高速发展。具体体现：在提供工作岗位、缓解就业压力的同时提高居民收入、扩大内需；提升国内投资水平和供给水平，进而刺激国内需求多样性，提高需求质量，推动国内循环结构升级。下面对 10 个省份的高新技术水平进行测算，结果如表 5 - 9 所示。

表 5 - 9　　　　　　　10 个省份高新技术水平测算结果

年份	2017	2018	2019	2020	2021
黑龙江	0.01079	0.01225	0.00769	0.00935	0.01823
吉林	0.00971	0.01476	0.01079	0.00717	0.01106
辽宁	0.01447	0.01430	0.01313	0.01472	0.01720
内蒙古	0.05527	0.05250	0.04014	0.03364	0.04905
新疆	0.01762	0.02024	0.02277	0.01415	0.02106
广西	0.01112	0.01301	0.01170	0.00919	0.01784
云南	0.00763	0.00849	0.1315	0.01587	0.01205
海南	0.00729	0.00260	0.00127	0.00338	0.00745
广东	0.05175	0.05199	0.04354	0.03730	0.04748
浙江	0.03585	0.03685	0.03540	0.04697	0.01988

5. 双循环发展水平测算结果

下面以 2017—2021 年 10 个省份为样本，通过测度双循环发展水平，全面检验双循环新发展格局的发展基础，为后续双循环政策的推行提供实证支持。内循环、外循环发展水平测算结果如表 5 - 10、图 5 - 2、表 5 - 11、图 5 - 3 所示。

表 5 - 10　　　　　　　内循环发展水平测算结果

年份	2017	2018	2019	2020	2021
黑龙江	0.18497	0.21549	0.23001	0.26892	0.28227
吉林	0.17435	0.20604	0.22588	0.25218	0.25912

续　表

年份	2017	2018	2019	2020	2021
辽宁	0.25005	0.27970	0.30326	0.33662	0.34254
内蒙古	0.26488	0.29349	0.31220	0.33015	0.33971
新疆	0.17589	0.21033	0.25646	0.26730	0.24135
广西	0.10601	0.14723	0.18024	0.20890	0.23476
云南	0.09867	0.14389	0.18460	0.22239	0.20104
海南	0.18722	0.21432	0.24443	0.23775	0.29458
广东	0.49312	0.55820	0.61541	0.70054	0.73085
浙江	0.43602	0.50829	0.56331	0.63993	0.63672

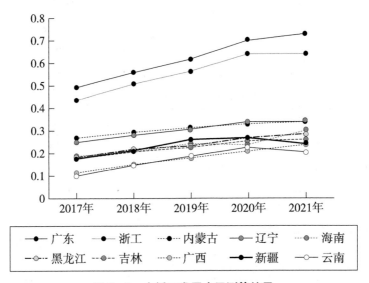

图 5-2　内循环发展水平测算结果

表 5-11　　　　　　　　　　　外循环发展水平测算结果

年份	2017	2018	2019	2020	2021
黑龙江	0.00481	0.00733	0.00788	0.01092	0.01389
吉林	0.00726	0.00821	0.00817	0.00813	0.01242
辽宁	0.05084	0.05716	0.05330	0.05182	0.05962
内蒙古	0.00373	0.00451	0.00540	0.00508	0.00618
新疆	0.00395	0.00400	0.00515	0.00502	0.00660

续　表

年份	2017	2018	2019	2020	2021
广西	0.02313	0.02707	0.03394	0.04488	0.07912
云南	0.01070	0.01454	0.01769	0.02357	0.02962
海南	0.00896	0.01247	0.00726	0.09733	0.16224
广东	0.73508	0.80710	0.78100	0.78334	0.92379
浙江	0.13769	0.15831	0.16838	0.18872	0.24675

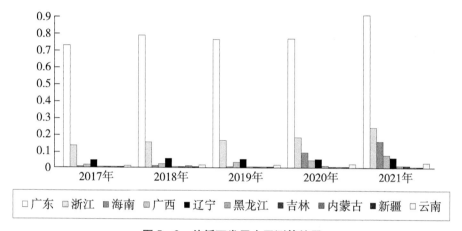

图 5-3　外循环发展水平测算结果

由上述测算结果可知，黑龙江同吉林、辽宁等省份双循环发展水平相差不大，而与浙江和广东有较大差距。其原因在于浙江和广东地理位置优越，在人力、财力、物力、政策方面都具有比较优势，产业发展水平相对较高，有利于开展贸易活动。黑龙江省则先天性地理条件与社会条件不足，导致经济结构以农业为主，缺乏可持续发展动力，技术水平落后，市场竞争意识不足，双循环发展动力不足。因此，在构建新发展格局的过程中，一定要重视地区统筹发展，因地制宜进行地区分工，深化地区合作，促进全国各地区协同发展。

5.2　全国统一大市场发展趋势分析

5.2.1　全国统一大市场内涵

有学者认为，全国统一大市场就是政策统一、规则一致、行动协调、拥有高标准市场体系并且能够充分发挥市场在资源配置中的决定性作用，实现市场竞争帕累托最优的国内市场。还有专家认为，全国统一大市场一旦建成，各经济主体将能够按照统一市场规则运行，各地区和各部门互相开放，各种市场壁垒将逐渐消失。一些研究人员从微观市场主体和行为出发，认为加快建设全国统一大市场能够优化市场运行秩序，系统提升市场主体素质，形成更合理化的企业行为模式和行为秩序，实现市场主体组织形态和组织行为模式的高效化。

建立全国统一大市场的主要目的，是打破地方保护和市场分割，打通制约经济循环的关键堵点，促进商品资源要素高效流通，构建国内大循环、国内国际双循环新发展格局，增强我国在全球产业链、供应链、创新链中的影响力。重点任务包括以下6个方面：一是强调市场基础制度、规则统一；二是推进市场设施高标准联通；三是打造统一的要素和资源市场；四是推动商品和服务市场高水平统一；五是推动市场监管公平统一；六是规范市场不正当竞争和市场干预行为。

5.2.2　全国统一大市场发展历程

事实上，全国统一大市场战略部署并非一蹴而就，多年来其在国家政策制定中有迹可循。下面将全国统一大市场发展历程划分为萌发、改革、构建、倒逼、推进5个阶段（见图5-4）。

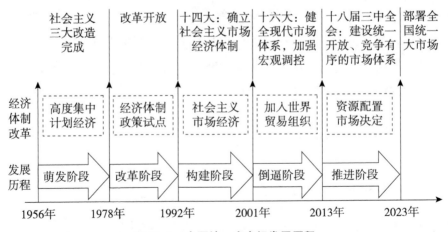

图5-4　全国统一大市场发展历程

1. 萌发阶段（1956—1978 年）

此阶段，中国实行高度集中的计划经济体制，1958 年 12 月 20 日，中共中央、国务院发布《关于适应人民公社化的形势改进农村财政贸易管理体制的决定》，指出农村财政贸易体制实行"两放、三统、一包"办法。

2. 改革阶段（1978—1992 年）

1978 年我国进行经济体制改革。1979 年 2 月，社会主义市场经济概念在成都市召开的四川省价值规律理论研讨会上提出。1984 年，《中共中央关于经济体制改革的决定》指出，价格体系的改革是整个经济体制改革成败的关键。1990 年 12 月 25 日，党的十三届七中全会提出，经济建设要按照统筹规划、合理分工、优势互补、协调发展的原则，进一步改善我国的地区经济布局。

3. 构建阶段（1992—2001 年）

1992 年 10 月，党的十四大确立社会主义市场经济体制，并明确提到建设全国统一市场。1993 年 11 月，党的十四届三中全会初步提出全国统一大市场的基础架构。1997 年 9 月，党的十五大强调了统一开放、竞争有序的市场体系建设目标，为全国统一市场建设提供流通保障。

4. 倒逼阶段（2001—2013 年）

2001 年 12 月，中国正式加入世界贸易组织，这标志着中国正式融入全球经济。2002 年 11 月，党的十六大提出健全统一、开放、竞争、有序的现代市场体系。2003 年 10 月，《中共中央关于完善社会主义市场经济体制若干问题的决定》从流通方式、监管体系等方面对全国统一市场的建设做出了全面、系统的部署。2012 年 10 月，党的十八大明确提出，要全面深化经济体制改革，健全现代市场体系。

5. 推进阶段（2013 年至今）

2013 年 11 月，党的第十八届中央委员会第三次全体会议提出，建设统一开放、竞争有序的市场体系，是使市场在资源配置中起决定性作用的基础。2015 年 10 月，国务院发布《关于实行市场准入负面清单制度的意见》，指出要营造与市场准入负面清单制度相适应的公平交易、平等竞争的市场环境，清理和废除妨碍全国统一市场和公平竞争的各种规定与做法。

2017 年 10 月，党的十九大提出要全面实施市场准入负面清单制度，确保市场统一和竞争公平。2020 年 9 月，中央财经委员会第八次会议提出要加快完善国内统一大市场，形成供需互促、产销并进的良性循环。2022 年 4 月 10 日，中共中央、国务院发布《关于加快建设全国统一大市场的意见》，指出要加快建设高效规范、公平竞争、充分开放的全国统一大市场。2023 年 5 月 19 日，全国统一大市场部署总体工作方案等又为建设全国统一大市场提供了有力支撑。

目前，国际环境不太稳定，这就要求我国经济发展不能过度依赖国际市场，而要依赖本国内部市场，构建"以国内大循环为主体、国内国际双循环相互促进"的新发展格局，全面保障国内经济循环畅通，以自身最大确定性抵御外部不确定性挑战，吸引全球优质要素资源加速向国内汇聚。

5.2.3 全国统一大市场测度指标

1. 市场化指标选取

由北京师范大学经济与资源管理研究所发布的中国年总体市场化指数、北京国民经济研究所樊纲等学者发布的中国市场化指数研究成果可知，众多学者在测度市场化指数时都考虑到了政府、非国有经济、要素与产品市场、法律制度等内容，不同的是测算主体与基准年份有所差异。在此基础上，我们将市场化指数细分为 4 个一级指标、13 个二级指标、16 个三级指标，如表 5 - 12 所示。

表 5 - 12　　　　　　　　　我国市场化指数构建体系

一级指标	二级指标	三级指标	指标属性
政府与市场的关系	市场分配资源	财政支出占 GDP 的比例	负向
	政府规模	公共管理和社会组织人员/城镇单位就业人员	负向
非国有经济的发展	国有控股/全社会固定资产投资规模	国有控股固定资产投资/全社会固定资产投资	负向
	城镇国有单位规模	城镇国有单位工资总额/城镇工资总额	负向
	国有工业企业规模	国有工业企业产值/工业企业产值	负向

一级指标	二级指标	三级指标	指标属性
要素市场的发育程度	金融业市场化	非金融企业存款占金融机构存款的比例	正向
	人力资源流动化	私营单位就业人员占城镇从业人员比例	正向
	固定资产来源投资市场化	实际利用外资金占 GDP 的比例	正向
	土地资源市场化	土地出让量/土地供应量	正向
	技术成果市场化	技术市场成交额与本地科技人员比例	正向
市场中介组织的发展与法制环境	市场中介组织发育	律师从业人数比例	正向
		房地产从业人数比例	正向
	知识产权保护	二种专利申请授权量/科技人员数	正向
	社会环境公平化	养老保险社会综合覆盖率	正向
		医疗保险社会综合覆盖率	正向
		失业保险社会综合覆盖率	正向

2. 市场化指数测算方法

本书市场化指数的测算方法参考了樊纲等的《中国各地区市场化相对进程报告》，采用 10 分制的方法，测算我国 2017—2021 年 10 个省份的市场化指数。其中，以 2017 年为基期，将 2017 年指标得分的最大值记为 10 分，最小值记为 0 分，先测算单个指标得分，最后将 5 个指标加权平均，求得市场化指数。

对于正向指标，即数值越大代表市场化程度越高的数据做正向化处理：

$$\text{正向指标市场化得分} = \frac{V_i - V_{\min}}{V_{\max} - V_{\min}} \times 10$$

对于负向指标，即数值越大代表市场化程度越低的数据做负向化处理：

$$\text{负向指标市场化得分} = \frac{V_{\max} - V_i}{V_{\max} - V_{\min}} \times 10$$

其中，$V_{\max}$ 为 2017 年该项指标数值最大的数据，$V_{\min}$ 为 2017 年该项指标数值最小的数据，V_i 为某年该指标的实际数据。

3. 市场化指数测算结果

本章选取黑龙江、辽宁、云南、新疆、广东 5 个省份作为研究对象，根据测算结果（见表 5-13、图 5-5），从整体上看，这 5 个省份市场化指数呈波动增大趋势，中间出现的波动性与震荡性并没有改变市场化指数向好的趋势。我国率先在东部地区设立经济特区、沿海开放城市，这在很大程度上促进了东部地区市场化水平的提高，从而促进了广东、辽宁的市场化发展。黑龙江、云南、新疆地处内陆边境，对外资、科技人才的吸引力弱，以传统经济发展模式为主，市场化程度较低。

表 5-13　　　　　　　　市场化指数测算结果

年份	2017	2018	2019	2020	2021
黑龙江	3.73	3.87	3.71	4.07	4.40
辽宁	5.15	5.22	5.89	6.36	6.47
云南	2.99	4.12	4.19	4.03	4.78
新疆	2.25	2.89	2.89	2.72	2.75
广东	6.57	6.43	6.82	7.16	7.53

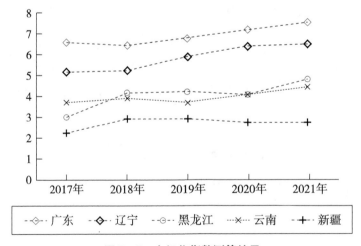

图 5-5　市场化指数测算结果

5.3 黑龙江省现代物流发展趋势分析

5.3.1 黑龙江省现代物流业发展现状

随着经济全球化的加速和东北振兴战略的实施，以及发展环境的日益复杂、严峻，黑龙江省现代物流业与全国宏观经济协同发展，总体运行平稳，运行效率有所改善，企业规模扩大，对产业链、供应链及民生物流需求提供了有效保障，社会物流运行宏观指标数据变化处于合理区间。

1. 物流总额实现稳定增长

黑龙江省物流业规模不断扩大，社会物流总额从 2018 年的 3.32 万亿元增加到 2022 年的 3.86 万亿元，物流总额整体处于增加趋势（见图 5 - 6）。2018—2022 年黑龙江省社会物流总额分类统计如表 5 - 14 所示。

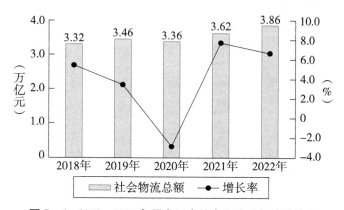

图 5 - 6　2018—2022 年黑龙江省社会物流总额统计情况

表 5 - 14　　　　2018—2022 年黑龙江省社会物流总额分类统计

年份		农产品	工业品	省外流入	再生资源	单位与居民物品
2018	物流总额/亿元	5624	14020	11535	103	112
2019	物流总额/亿元	5763	14385	12250	109	137
2020	物流总额/亿元	6265	14327	11135	110	171
2021	物流总额/亿元	6277	15086	12115	112	201
2022	物流总额/亿元	6524	13704	17505	168	729

数据来源：黑龙江省物流与采购联合会。

2022 年，从黑龙江省社会物流总额构成比例来看，农产品、工业品、省外流入、再生资源、单位与居民物品分别占 16.9%、35.5%、45.3%、0.4%、1.9%。其中，工业领域和商贸领域物流总额占比达 80.80%，这两个领域的物流需求是黑龙江省物流需求的主要构成部分（见图 5 − 7）。

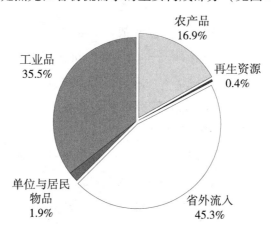

图 5 − 7　2022 年黑龙江省社会物流总额构成比例

2. 社会物流总费用与 GDP 的比率小幅下降

2019—2020 年，黑龙江省社会物流总费用有所回落，社会物流总费用与 GDP 的比率总体呈现下降趋势，其中，2022 年黑龙江省社会物流总费用与 GDP 的比率从 2018 年的 16.6% 下降到 15.2%，黑龙江省物流业运行效率逐渐提升（见图 5 − 8）。

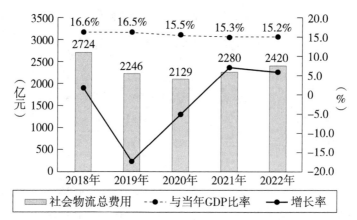

图 5 − 8　2018—2022 年黑龙江省社会物流总费用情况

数据来源：黑龙江省物流与采购联合会。

从黑龙江省社会物流总费用构成来看，2022 年，黑龙江省运输费用为 1181 亿元，同比增长 0.3%；保管费用为 870 亿元，同比增长 37.5%；管理费用为 368 亿元，同比增长 40.5%。三项费用占黑龙江省社会物流总费用的比例分别为 48.8%、36% 和 15.2%（见图 5 - 9、图 5 - 10）。

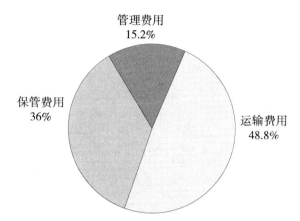

图 5 - 9　2022 年黑龙江省社会物流总费用构成比重

数据来源：黑龙江省物流与采购联合会。

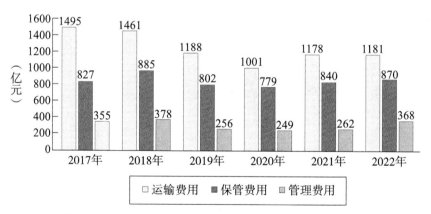

图 5 - 10　2017—2022 年黑龙江省社会物流总费用分布情况

数据来源：黑龙江省物流与采购联合会。

3. 物流行业货运量小幅下降

2022 年，黑龙江省实现货运量 5.95 亿吨，同比下降 4.5%。从货运量构成来看，铁路货运量 12955.3 万吨，同比增长 3.5%；公路货运量 38616.0 万吨，同比下降 8.2%；水路货运量 547.3 万吨，同比增长 5.5%；航空货运量

9.9 万吨,同比下降 10.8%;管道货运量 7362.9 万吨,同比增长 2.4%(见图 5-11)。

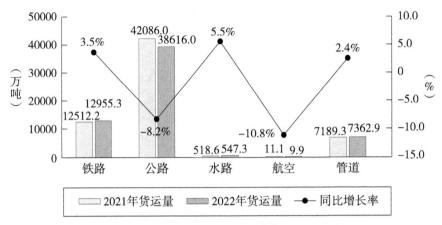

图 5-11 2021—2022 年黑龙江省社会物流货运量分布情况
数据来源:黑龙江省物流与采购联合会。

4. 货运周转量大幅增长

2022 年,黑龙江省实现货运周转量 2185 亿吨公里,同比增长 25.1%。从货运周转量构成来看,铁路货运周转量 969.3 亿吨公里,同比增长 9.8%;公路货运周转量 846.1 亿吨公里,同比增长 3.7%;管道货运周转量 331.1 亿吨公里,同比增长 0.7%;水路货运周转量 36.2 亿吨公里,同比下降 21.8%;航空货运周转量 2.3 亿吨公里,同比下降 9.7%(见图 5-12)。

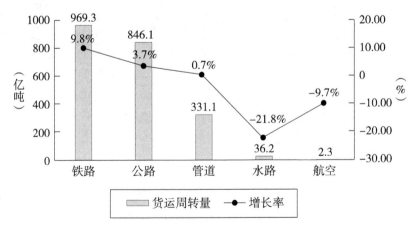

图 5-12 2022 年黑龙江省社会物流周转量分布情况
数据来源:黑龙江省物流与采购联合会。

从货运结构来看,黑龙江省依然以铁路运输和公路运输为主,铁路运输货运量占比较 2021 年提高,运输结构有所优化;水路和航空运输货运周转量均有所下降,显现出两种运输方式物流需求不足、存在上升空间的现实。

5. 国际服务能力不断提升

截至 2022 年年底,黑龙江省获准对外开放国家一类口岸 27 个,在对俄经贸合作、兴边富民上起着不可替代的作用。全省口岸进口整体通关时间为 17.53 小时,比全国平均水平缩短 17.38 小时,通关效率全国领先。哈尔滨国际集装箱中心站对俄货运量位居全国前列,"一带一路"向北开放第一站地位更加稳固。领航数贸、俄品多、赛格等对俄特色跨境电子商务和物流信息平台品牌影响力日益凸显。

6. 营商环境不断优化

《黑龙江省优化营商环境条例》《关于推动物流降本提质增效的实施意见》《加快农村寄递物流体系建设若干措施》《黑龙江省面向欧亚物流枢纽区建设规划》等政策文件的出台,引领全省物流业深入发展。黑龙江省深化"放管服"改革,政务信息更加公开透明,物流营商环境持续好转。公路收费低于全国平均水平,鲜活农产品运输"绿色通道"政策惠企惠农力度不断加大。

7. 应急物流体系建设加快推进

黑龙江省依托铁路、航空、邮政快递、道路货运、物流园区等企业,构建核心应急物流体系。建设应急物流中转站 27 个,建成物流基地 21 个,仓储能力达 537.25 万平方米,有效实现了应急物资高效转运。全省成立地市级应急保障队伍 92 个,建立应急物流重点保障企业 160 个,初步形成了能力充分、安全可靠的应急物流体系。

8. 物流企业规模逐渐扩大

黑龙江省物流企业数量大幅增加、规模大幅扩张。2023 年 2 月,中国物流与采购联合会发布第三十五批 A 级物流企业名单,至此,黑龙江省 3A 级以上物流企业达到 33 家,其中 5A 级企业 4 家。多式联运稳步推进,2 家多式联运企业和 9 家甩挂运输企业成为国家级试点。穆棱市"交通运输 + 邮政快递"、东宁市"交邮融合 + 农村电商"入选交通运输部"首批农村物流服务品牌"名单(见表 5 - 15)。

表 5 – 15   黑龙江省物流企业名单

序号	企业分类	单位名称
1	5A 级物流企业	黑龙江华宇物流集团有限公司（运输型）
2		黑龙江农垦北大荒物流有限公司
3		中国铁路物资哈尔滨物流有限公司
4		哈尔滨铁路局
5	4A 级物流企业	哈尔滨动力设备物流有限责任公司
6		黑龙江省龙运（集团）股份有限公司
7		黑龙江省顺丰速运有限公司
8		黑龙江昊锐物流有限公司
9		国药控股黑龙江省有限公司
10		黑龙江京邦达供应链科技有限公司
11		黑龙江九州通医药有限公司
12		哈尔滨铁路物流有限公司
13		哈尔滨市中天运输有限责任公司
14		哈尔滨传化公路港物流有限公司
15		大庆钻探工程公司运输一公司
16		黑龙江金韵速递有限公司
17	多式联运企业	中国铁路哈尔滨局集团有限公司
18		牡丹江对俄贸易工业园区华晟国运物流有限公司
19	甩挂运输企业	黑龙江省龙运（集团）股份有限公司
20		牡丹江广运交通集团投资有限责任公司
21		齐齐哈尔光明运输代理服务有限公司
22		黑龙江安瑞佳运输有限公司
23		佳木斯浦东货运枢纽有限公司
24		黑龙江嘉和融通物联科技股份有限公司
25		哈尔滨农垦嘉圣物流园区有限公司
26		顺达物流有限公司
27		集贤县四达物流有限公司

5.3.2 黑龙江省现代物流业 SWOT 分析

SWOT 分析法主要是对各类企业内部市场优势影响因素、劣势影响因素、企业外部市场机会需求因素、威胁性因素等进行识别分析，按照一定的时间顺序，以矩阵形式排列，通过系统化的分析法，对各种因素进行交叉匹配并综合分析，最终得出最佳企业经营发展战略。其中，"S"指优势（Strengths），"W"指劣势（Weaknesses），"O"指机会（Opportunities），"T"指威胁（Threats）。

黑龙江省现代物流业 SWOT 分析步骤（见图 5 - 13）：分析外部竞争环境，确定企业机会因素和威胁因素；分析自身的优势与劣势；分析 SWOT 矩阵，制订战略。

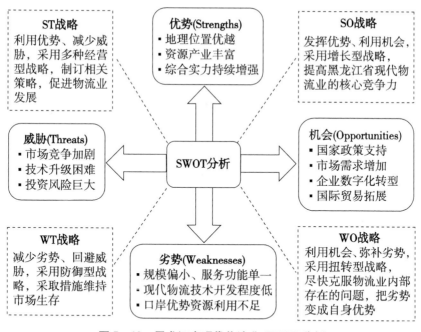

图 5 - 13 黑龙江省现代物流业 SWOT 分析

5.3.3 黑龙江省现代物流业存在的问题

构建双循环新发展格局、完善全国统一大市场，对现代物流业高质量发展提出了新要求。现代物流业作为国民经济的基础性、先导性产业，是实现商品高效流通和经济社会循环、市场循环、产业循环的重要基础和保障，但基础设施不完善、政策不完备、物流成本较高、信息化智能化程度较低等现实问题阻碍了其高质量发展。

1. 基础设施有待完善

黑龙江省现代物流业综合基础设施布局不均衡，铁、公、机、水等现代运输方式结构不合理、衔接不顺畅，流通设施密度较低且断点、堵点较多，无法突破经济循环的空间距离。物流设施协同不足，通道、枢纽、网络融合的一体化物流体系尚未形成，支撑现代物流业高质量发展的硬件基础不够坚实。物流配送网络布局不合理，最后一公里物流问题突出，全面覆盖、城乡一体、衔接顺畅的农村物流体系还存在盲点。各类物流要素流动较慢，物流微循环不畅，影响商品流通以及资源配置效率，难以在国际市场对接中取得竞争优势。

2. 与关联产业融合发展不足

黑龙江省现代物流业与农业、重工业等本土产业衔接不畅，服务实体经济能力较弱，在产业标准制定、设施衔接、信息资源共享等方面发展不足，没有实现从采购到生产、销售、配送、运输的全过程物流服务，提供物流系统解决方案的能力不强。农村物流产业服务能力较弱，冷链物流、绿色物流、特色农产品物流水平不均衡，城乡双向物流服务能力不足，满足人们消费提质换挡需求的能力需要不断增强。

3. 物流成本居高不下

受自然地理条件、产业结构等影响，除口岸地区外，水运占比较小，多式联运发展滞后，口岸资源优势发挥不足，未能与物流业良好融合。支撑口岸经济发展的交易、结算、商贸、加工等功能尚不健全，开放型产业发展要素在口岸的集聚水平不高，对区域经济的带动能力有限。现代物流业缺少产业链思维，缺乏链主型企业，上下游企业协作不够，基础配套设施和相关信息没有实现企业共建共享，各自优势和产业集群效应没有充分发挥。缺少大规模的第三方物流企业，在推动区域物流协同增效的过程中，物流产品供给难以适应经济快速发展的要求，这些都使物流成本居高不下。

4. 物流管理系统数智化有待加强

新一代信息技术在现代物流业中的应用虽然不断加快，但人工智能、无线通信、5G、北斗卫星导航系统等技术的应用参差不齐，物流各要素数字化水平不均衡。部分物流企业数字化转型不够，缺乏配套的信息网络和统一的数据信息共享平台，导致无法实现对货物的全过程动态跟踪，用户无法及时准确获知货物物流信息，限制了物流体系的高效运营，不能为客户提供快速、便捷的一站式服务。同时，智慧物流枢纽、智慧物流园区、智慧仓储物流基地、智慧港口、数字仓库等新型物流基础设施建设不足，智慧物流技术与模式创新不足，科技成果转化率较低。

5.4 双循环格局和全国统一大市场与现代物流的关系

5.4.1 国际经验借鉴

在双循环格局和统一大市场建设过程中，现代物流作为基础支撑和内在要求，必须与经济社会发展要求相适应。在这方面，发达国家和地区经过多年探索实践，形成了一些可供借鉴的经验做法。

1. 纽约模式

纽约是世界重要的经济中心和金融中心，它地处大西洋和哈得逊河的交汇处。汽船的发明和伊利运河、巴拿马运河的开通，使纽约成为全美著名的航运中心，其航运枢纽地位凸显。不仅如此，随着美国铁路的建设，纽约再次成为美国东西线铁路枢纽。依托优越的地理位置和综合枢纽地位，纽约开始发展制造业、金融业，制造业的发展为统一大市场的建设奠定了坚实的物质基础，而金融业和信息服务业又为全美统一大市场的构建提供了主要动能，确定了市场运行的标准规则。因此，纽约交通枢纽的发展对全美统一大市场的建成起到了重大的推动作用。

2. 伦敦模式

伦敦既是世界著名的航运中心和航空交通枢纽，也是英国的铁路枢纽中心。伦敦物流枢纽推动全国统一大市场建设的主要做法：依托航运中心发展国际贸易，以国际贸易发展推动英国国内市场一体化；构建铁路枢纽，夯实市场流通设施基础，促进大量商品高效流通，节约物流成本，减少流通费用，使英国国内市场交易成本大大降低，增加英国国内不同市场之间的交流，为统一大市场的建立提供基础设施保障；依托航空运输，缩短国内市场的货物运输时间，加强与世界各地的联系，使国际市场对英国国内市场的影响更加深刻，促使英国国内市场融合，为全英统一大市场的建立和完善注入新的力量。

3. 东京模式

东京是日本的政治经济中心。东京模式的典型特征：东京湾是日本的重要港口，也是非常发达的国际航运枢纽，利用这一优势，东京湾成为日本制造业的重要集聚地，为日本国内统一大市场的建立提供了坚实、可靠的市场供给基础；建立东京大都市圈，以都市圈发展引领日本国内市场发展，使区域市场紧密结合在一起，然后通过东京大都市圈强大的辐射带动作用，促使日本全国市场一体化发展，最终形成了日本的全国统一大市场。

4. 汉堡模式

汉堡是德国最大的海港和国际贸易中心，是德国北部最重要的交通枢纽。作为世界上最大的自由港，汉堡港是德国通往世界的大门。汉堡港拥有总面积达 50 万平方米的仓储设施，是欧洲的集装箱港口之一，也是欧洲重要的中转海港。汉堡港实现了水路、公路、铁路运输的协同发展：长达 170 公里的城市道路网和城际公路网连成一片，实现了公路运输与海洋运输的无缝对接；通过内河运输了大量的集装箱货物，实现了内河运输和海洋运输的互联互通；通过转运火车站实现了集装箱多式联运的有效对接。这些都为德国统一大市场的形成提供了重要保障。

综观国际上各种具体实践经验，我们可以得出如下结论：发达的物流基础设施是枢纽经济推动全国统一大市场建设的重要保障。无论是纽约、伦敦发达的铁路系统，还是汉堡的多式联运线路，都是以发达的流通设施建设为基本前提的。同时，枢纽经济独特的优势，可以使各地分割的市场逐渐向枢纽靠拢，密切枢纽与各地之间的联系，同时也能加强各地区间的内部联系，在枢纽经济带动下实现国内各区域、城乡之间的有机融合，推动全国统一大市场建设，促进国内大循环。

5.4.2 双循环格局、全国统一大市场与现代物流业的关系

党的二十大报告指出，"必须完整、准确、全面贯彻新发展理念，坚持社会主义市场经济改革方向，坚持高水平对外开放，加快构建以国内大循环为主体、国内国际双循环相互促进的新发展格局""构建全国统一大市场，深化要素市场化改革，建设高标准市场体系。完善产权保护、市场准入、公平竞争、社会信用等市场经济基础制度，优化营商环境"。从双循环到全国统一大市场，是我国改革开放行至"深水区"与攻坚期之后因势利导的战略调整。

全国统一大市场是构建国内国际双循环新发展格局的基础支撑和内在要求，建设全国统一大市场，现代物流业是关键。现代物流业一头连着生产，一头连着消费，在国民经济中发挥着基础性作用，能够在更大范围内通过资本流、商品流、信息流将社会化大生产中的各环节联系起来，可以在拓宽交易范围、推动分工深化、提高生产效率的同时促进市场供需对接、降低交易成本、推动产业结构优化，实现资源优化配置和经济协调发展。在外部风险显著、国内经济下行压力增大的形势下，现代流通体系在引导生产、促进消费、活跃市场、促进经济高质量发展方面具有重大作用。

这说明，建设全国统一大市场，绝非与国际脱轨，而是以更加有竞争力的统一大市场来参与国际分工并提升我国经济的国际竞争力。我国经济在国际上的关键竞争优势，就在于拥有全国统一大市场，在全国范围内实行同一个制度、遵循同一套法律，这是我国与美国、欧洲国家相比最大的国际竞争力。从逻辑上看，只有全国统一大市场建立了，才可能以更好的内循环带动外循环，形成双循环发展格局，从而实现经济高质量发展，塑造高水平对外开放格局。双循环格局、全国统一大市场与现代物流业的关系如图 5 - 14 所示。

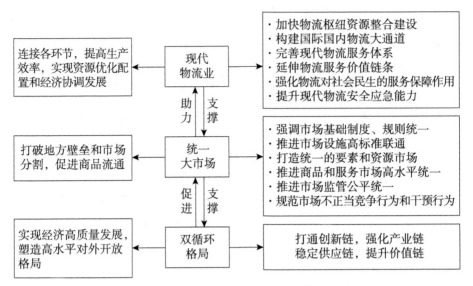

图 5-14 双循环格局、全国统一大市场与现代物流业的关系

5.5 黑龙江省现代物流业发展对策

5.5.1 构建与本土产业相结合的现代物流体系

一是在黑龙江省松嫩平原、三江平原大力发展种植业，建设农产品集散地，对收购、储存、运输和销售进行统一管理和分流，提高储存能力和运输效率。完善冷链物流网络，提高农产品质量，满足远距离销售和出口的需求。

二是在哈大齐工业走廊建设物流园区，集中整合资源，打通生产、流通和消费的衔接点，促进工业产业升级与发展。

三是建设生物医药行业标准化操作流程和质量管理体系，利用信息化、智能化技术提高药品的合规性和安全性。

四是在以鸡西、鹤岗、双鸭山、七台河、佳木斯、牡丹江为主体的东部煤电化基地，根据矿业资源分布和矿产品流向，合理规划物流网络，引进现代化运输工具和设备，保障过程的安全性，形成政府、企业、物流供应商的协同合作机制，共同推动矿业物流发展。

5.5.2　构建与产业转移伴行的现代物流体系

国家双循环格局的不断变化、"一带一路"的深度建设、中蒙俄经济走廊的积极发展、向北开放战略的不断打造，为黑龙江省现代物流业发展带来了增量。

一是产业结构调整，借助新技术、新模式，打造新能源、新材料、智能制造等优势产业，以创新实践不断提高黑龙江省企业的核心竞争技术，推动黑龙江省企业向高科技、环保、创意设计、冰雪经济等领域转型，为企业提供更加优质的市场环境。

二是扩大建设重点工业项目、城市副中心等，为企业提供更加丰富的市场机会。以哈尔滨、佳木斯等城市为区域经济中心，促进区域经济发展。同时，与俄罗斯远东地区加强合作，进一步扩大市场活动范围，提供更广阔的市场空间，吸引国内资本与远东资源在黑龙江省交汇，形成市场叠加和产能内溢效应。

5.5.3　构建与国际地缘政治变化相适应的现代物流体系

一是俄乌冲突以来，欧美对俄罗斯的制裁不断加剧，一些国家的生产商将通过转移产业和资本、技术落地中国来完成生产和对俄继续出口。这将给黑龙江省带来物流发展机会，黑龙江省应通过"大招商、招大商"的方式承接欧美高端制造产业落地。

二是创建边民互市贸易综合服务平台，极大地减少企业办事程序，缩短办理时间，改善营商环境，吸引俄罗斯、日本、韩国、朝鲜以及蒙古等国的技术、人才资源等，引导人力资源和产业资源进一步集聚，促进跨境物流发展。

5.5.4　构建与经济地理空间不断扩大相适应的现代物流体系

一是通过开挖松辽运河，构建东北亚国际水运大通道，北向连接北冰洋东北航道，即"北向江海联运"，南向连接辽宁营口进入黄渤海，即"南向江海联运"。按照资本从高阶向低阶流动、资源从低阶向高阶流动的规律，俄罗斯远东地区的资源和我国南方发达地区的资本将在我国东北汇流，实现"中外中"和"中外外"两个市场、两种资源的大循环，加强我国东北地区与欧洲腹地国家的物贸流通。

二是促进俄罗斯远东地区内河流域与黑龙江省松花江等内河流域相互开放，由传统的"线性江海联运"转向具备更大合作纵深、更大服务范围的"面性江海联运"，促进黑龙江省物流体系转型。

党的二十大报告再一次明确了依托全国统一大市场建设双循环发展格局的顶层设计，这显然是未来我国搞好经济工作的关键，而现代物流作为重要环节，在其中发挥着不可替代的作用。全国统一大市场与双循环发展格局具有相向而行的特征，两者共同致力于构建更为开阔的国内市场，这为黑龙江省现代物流业发展带来更多的机遇和挑战。因此，物流企业应密切关注国内市场发展，抓住内循环机遇，优化供应链，提高物流效率，更好地满足消费者需求。同时，物流企业也应抓住全国统一大市场建设机遇，扩大市场份额，提供更广泛、更高效的物流服务。通过这些努力，黑龙江省现代物流业将迎来更加繁荣和可持续的发展。

6 关于建设黑龙江大航运体系的设想

6.1 发展机遇

6.1.1 抢抓资源资本交汇机遇

俄罗斯远东地区已探明的资源储备占俄罗斯总量的 80% 以上，构筑向北开放新高地的核心，是研究如何获取俄罗斯远东大市场资源。俄罗斯远东资源向西输送至距其 7000 公里的产业人口密集区，受国际局势限制，向东输送体量较小，向北则会进入北极圈，因此只能优选向南输送至中国。

黑龙江省与俄罗斯具有 2981 公里边境线和 27 个国家一级口岸，能够高效承接资源转移，是俄罗斯远东地区资源转移的极好通道。改革开放以来，我国南方经济迅猛发展，珠三角、长三角、京津冀、东北地区、俄罗斯远东地区形成了经济阶差。遵循资本由高阶向低阶转移、资源从低阶向高阶流动的规律，随着俄罗斯远东地区资源向南流动，我国南方资本会向北转移，而受外汇管制要求，资本不能流出国境，黑龙江省就成了资本和资源交汇的重要承接地。

6.1.2 抢抓中俄共促双边贸易机遇

2019 年 6 月 5 日，中俄两国关系提升为"新时代中俄全面战略协作伙伴关系"，2023 年 3 月 21 日，中俄两国元首签署《中华人民共和国和俄罗斯联邦关于深化新时代全面战略协作伙伴关系的联合声明》，这些都体现了中俄两国深度合作方面的变化。

2019 年，中俄两国确定了 2024 年双边贸易额达到 2000 亿美元的目标，这给黑龙江省对俄贸易发展带来契机。2022 年中俄两国货物贸易额实现了 1902.7 亿美元的历史性突破，中国继续保持对俄第一大贸易伙伴国地位。2023 年 1—4 月，中俄双边贸易额保持迅猛增长势头，同比大增 41.3%，达 731.48 亿美元。

6.1.3　抢抓国家完善冰上丝绸之路机遇

习近平总书记明确提出将与俄罗斯共同打造"冰上丝绸之路"，2018 年 1 月 26 日，中国政府发布的《中国的北极政策》白皮书指出，中国愿意依托北极航道的开发、利用，与各方共建"冰上丝绸之路"。

2021 年 6 月，《中俄睦邻友好合作条约》签署 20 周年的联合声明，为中俄共建"冰上丝绸之路"提供了有力保障和支持。

2021 年 2 月，中共中央、国务院印发的《国家综合立体交通网规划纲要》提出要完善跨北冰洋的"冰上丝绸之路"。

2021 年 3 月，《中华人民共和国国民经济和社会发展第十四个五年规划和二〇三五年远景目标纲要》提出要参与北极务实合作，建设"冰上丝绸之路"。黑龙江省具有得天独厚的地理优势，"冰上丝绸之路"常态化运营后预计每年能节省成本上千亿美元。

6.1.4　抢抓后"俄乌冲突"时代发展机遇

后"俄乌冲突"时代，为保证进出口货物安全和金融安全，俄罗斯必然要加深与中国的合作。俄罗斯原来出口欧洲的能源资源类产品，将会由原来的向西流动改为向东流动。也就是说，俄罗斯资源类产品的出口，会向东流到符拉迪沃斯托克（海参崴）或经由黑龙江省一些主要口岸进入我国东北、华东、华南等地区。无论是俄罗斯对欧洲的"实际需求"进口，还是俄罗斯对欧洲的"刚性需求"出口，都会通过我国完成产品贴牌和贸易中转。

黑龙江省应发挥跨境物流成本低的优势，加速构建区域物贸动力系统，尽快打造面向俄罗斯、辐射欧洲、直达北美的国际物流集散枢纽，提升黑龙江省向北开放的能力，这是黑龙江省全面振兴、全方位振兴的大好机会。

6.2　问题识别

6.2.1　运输结构失衡，物流成本居高

通过运价比较，公路物流成本最高，铁路次之，水路最低，合理提高物流中铁路运输和水路运输的占比，尤其是水路运输的占比，能够有效降低物流成本。

根据交通运输部 2021 年交通运输行业发展统计公报，我国内河货运量仅占全国货运量的 8%。与之对比，德国内河货运量占其全国货运量的 28%，美国内河货运量占其全国货运量的 15%，可见我国内河货运量占比偏小。分析黑龙江省连续 5 年货运量变化规律，可以看出水运占比平均约为 1.06%（见表 6-1），无论是站在国内角度还是国际角度，黑龙江省内河货运量占比都偏小（见图 6-1）。

表 6-1　　　　2018—2022 年黑龙江省不同运输方式货运量　　　　单位：万吨

年份	总货运量	铁路		公路		水路		民航		管道	
		货运量	比例/%	货运量	比例/%	货运量	比例/%	货运量	比例/%	货运量	比例/%
2018	62532.0	11357.0	18.16	42943.0	68.67	890.0	1.42	13.0	0.02	7329.0	11.72
2019	66346.3	12000.0	18.09	46000.0	69.33	779.8	1.18	14.1	0.02	7552.4	11.38
2020	56030.2	12603.4	22.49	35521.0	63.40	537.6	0.96	11.6	0.02	7356.6	13.13
2021	62317.2	12512.2	20.08	42086.0	67.54	518.6	0.83	11.1	0.02	7189.3	11.54
2022	59491.4	12955.3	21.78	38616.0	64.91	547.3	0.92	9.9	0.02	7362.9	12.38

数据来源：黑龙江省统计局。

黑龙江省社会物流总费用与 GDP 的比率整体呈下降趋势，社会物流总额则总体呈平稳上升趋势。2022 年，黑龙江省社会物流总费用与 GDP 的比率为 15.2%，与黑龙江省"十四五"末力争实现与国家水平持平的目标仍有一定差距，与美国、日本等发达国家水平相距甚大。与全国比较，黑龙江省社会物流总费用与 GDP 的比率保持在 16.6% ~ 15.2%，这进一步说明黑龙江省社

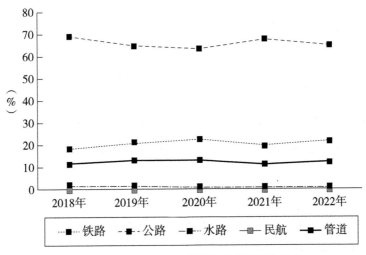

图 6 - 1   2018—2022 年黑龙江省货运结构分析

会物流总费用偏高。"公转水"目前在南方推进效率较高，但黑龙江省水运物流效益尚未体现。提高黑龙江省水路货运量占比，除可以大幅降低运输成本，缩小近与全国平均水平的差距外，还可以减少碳排放，促进黑龙江省现代物流低碳、绿色发展。

2019—2022 年黑龙江省物流基础数据对比如表 6 - 2 所示。

表 6 - 2   2019—2022 年黑龙江省物流基础数据对比   单位：亿元

物流基础数据	2019 年	2020 年	2021 年	2022 年
	本期	本期	本期	本期
一、社会物流总费用	2246	2129	2280	2420
运输费用	1188	1001	1178	1181
保管费用	802	779	840	870
管理费用	256	249	262	368
物流总费用/GDP	16.5	15.5	15.3	15.2
二、社会物流总额	34565	33595	36210	38630
农产品物流总额	5763	6265	6277	6524
工业品物流总额	14385	14327	15086	13704
进口货物物流总额	1517	1172	1976	—

续　表

物流基础数据	2019 年	2020 年	2021 年	2022 年
	本期	本期	本期	本期
再生资源物流总额	109	110	112	168
单位与居民物品物流总额	137	171	201	729
省外流入物流总额	12250	11135	12115	17505
出口过境物流总额	404	415	443	——

数据来源：黑龙江省物流与采购联合会。

　　我国社会物流总费用与 GDP 的比率和美国、日本社会物流总费用与 GDP 的比率对比分析如图 6 - 2 所示。

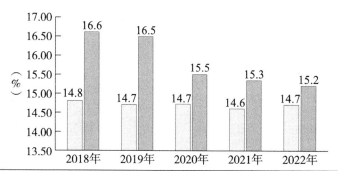

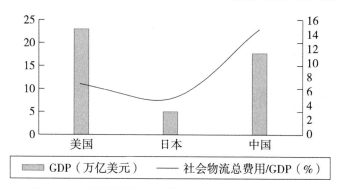

图 6 - 2　我国社会物流总费用与 GDP 的比率和中、美、
日社会物流总费用与 GDP 的比率对比分析

2018—2022 年黑龙江省与国家物流数据对比分析如表 6 – 3 所示。

表 6 – 3　　　　2018—2022 年黑龙江省与国家物流数据对比分析　　　单位：亿元

年份	全国			黑龙江省		
	社会物流总费用	占 GDP/%	社会物流总额	社会物流总费用	占 GDP/%	社会物流总额
2018	133000	14.8	2831000	2724	16.6	33241
2019	146000	14.7	2980000	2246	16.5	34565
2020	149000	14.7	3001000	2129	15.5	33596
2021	167000	14.6	3352000	2280	15.3	36210
2022	178000	14.7	3476000	2420	15.2	38630

数据来源：中国物流与采购联合会、黑龙江省物流与采购联合会。

6.2.2　航运资源分散，市场核心主体缺位

黑龙江省共有国家一类水运口岸 13 个（其中，对俄一类水运口岸 10 个），总体表现出"多而散""小而弱"的特点，且存在同质化竞争、无序经营的现象，弱化了港口吸引和集聚生产要素的能力；航运资源分散，未能形成协同效应，导致黑龙江省区位优势未能有效转化为发展优势；市场主体能力分化，资源利用率不高，对俄物贸企业呈现"多小散弱临"的特点，无法实现可持续发展；市场核心主体缺位，缺乏市场引导能力；无法以产业化思维制订整体及局部发展战略并一以贯之地推动落地，导致资源衍生价值无法获取。

6.2.3　水资源潜在价值有待释放

黑龙江水系是我国重要的内河运输通道，境内主要通航支流有黑龙江、松花江、乌苏里江等。截至 2020 年年底，黑龙江省内河通航里程 5495 公里，航道维护里程 4295 公里，三级及以上航道 1924 公里，四级航道 1213 公里。黑龙江水系沿中俄边境分布有众多水运开放口岸，这为中俄双边贸易提供了运输便利，黑龙江省理应成为水路运输的"黄金通道"。黑龙江省江海联运打

造了"中外外""中外中"运输通道。近几十年来，随着公路和铁路的陆续"崛起"，作为传统运输方式的内陆河运逐步被边缘化，这成为黑龙江省综合交通运输的短板。

6.2.4　水运港口能级亟待提升

从"十三五"开始，国家取消了对内河港口建设的中央补助，由于黑龙江省各级政府财力有限，各口岸基础设施建设和日常运维资金保障压到企业，而相关企业融资能力很差，这导致港口建设资金普遍缺口较大，部分港口基础设施不完善、资源利用率低，经营管理缺少专业运营团队，功能和作用远远没有充分释放和发挥。港口航运配套设施设备普遍老化严重，作业效率低，港口集疏运速度堪忧，致使港口转运环节物流成本高居不下，港口对货源物资运输的吸引力降低。港口作为物流节点中的重要一环，尚未形成全物流链条体系，引发物流成本高、货运周期长、港口集疏运能力差、航线稀少、货运配套服务不完善等一系列痛点问题。

6.2.5　航运物流组织体系化能力不足

水运相关产业建设的实施主体主要是沿海经济较为发达地区的企业集团，而内河经济欠发达地区由于基础建设相对较差，规模效应不够显著，因此内河区域的中小型企业缺少组织化设计，对发展水运相关产业的积极性不高，铁水、江海等多式联运体系尚不完善，使得"公转水""铁转水"转化率过低。"最后一公里"物流问题较为普遍，港口布局与物流通道、综合交通枢纽的衔接、协调能力不足，枢纽作用发挥不够、功能较为单一，弱化了港口吸引力和集聚生产要素的区位优势。

6.3　解决思路

6.3.1　整合资源，明确主体，引领市场规模化、组织化发展

黑龙江省现有港口 17 个，其中，2 个主要港口，8 个地区重要港口，7 个

一般港口，3 个港口群，整体形成了"2873"港口布局。全省港口码头泊位 154 个，货物通过能力 1450 万吨，通航水域干流港口货物吞吐量仅为 396 万吨，港口资源效能仅发挥不到 30%。港口经营企业 31 家，其中，国有企业 16 家，规模性港口经营企业少，港口经营能力呈现"小散弱"特点。

建议推进全省港口资源整合工作，推行"一省一港"政策，明确主体，统筹推进全省港口建设。重点支持建设黑河、抚远、同江港口，形成港口规模优势，提高港口生产力，实现港口资源优化。加强港口与城市群腹地的互动，充分发挥黑龙江省大宗商品水路运输的优势，完善黑龙江省粮食、木材等大宗商品转运方案，特别是中俄跨境江海联运方案，以更好地适应中俄贸易需要。

6.3.2 完善基础设施网络建设，提升航运市场能级，实现供应链、产业链、价值链三链融合

随着国内国际大循环战略的提出，加上基建补短板、稳经济的需求，内河航运地位被提到前所未有的高度。在全球贸易时代，谁靠近港口谁就把握了先行优势，这正是长三角、珠三角经济率先崛起的逻辑。

黑龙江省应面向"四江""两片区"主战场，完善航运基础设施网络建设，形成"松嫩贯通、松黑畅通、黑乌相连、江海呼应"的航道网络，打造"系统完备、安全可靠、集约高效、绿色智能、循环畅通、调控有序"的黑龙江水网。依托黑龙江省边境口岸、跨境通道及对应口岸运输方式，大力发展多式联运，构建黑龙江省大航运体系基础设施网络，保证航运畅通。依托黑龙江省区位优势和俄罗斯远东地区丰富的资源，提升航运市场能级，吸引俄罗斯矿石、煤炭、木材、粮食、石油等"原字号"产品在黑龙江省落地、生产加工，推进第一、第二、第三产业贯通发展，实现供应链、产业链、价值链三链融合。

6.3.3 推动"物港贸"一体化发展，培育产业走廊，服务向北开放

1. 两个市场同步配置资源，实现"物港贸"一体化

围绕中俄界江，开展新时代沿边开发开放专项行动，以集聚石化、粮油

加工、船舶、航空设施及装备制造、现代物流、航运服务等临港集群为抓手，发挥港口集约、协同、放大作用，构建"物港贸"一体化发展产业集群。

黑龙江省与俄罗斯应同步发展口岸跨境通道和港口等基础设施，生产或调集双方所需的自然资源，通过多式联运，充分联通出省物流大通道，实现大宗商品高效流通。支持具备境内外联动、有较强创新能力和国际竞争实力的优质物贸企业"走出去"，实现境外重要节点物贸组织的网络化布局、国内国际市场主体的协同互促和物贸一体化经营。加强与国内成熟市场的联动，促进重点商品交易市场与国外营销网络互联互通，培育一批运营模式与国际接轨的国内商品交易市场，打造特色鲜明的区域或国际商品集散中心，形成国内国际一体化发展贸易模式。

通过"一省　港"政策、跨境物贸结构提升和多重运输方式衔接，增强通道贸易控制能力、平台物贸技术支撑能力，增加通道物流总量，实现"物港贸"一体化互动。完善港口资源、仓储资源等物流节点必要的运力组织和连接铁路的能力，构建具有调动境外资源能力的物贸组织体系。布设港口物流缓冲区，放大港口的产业承载能力，实现港口网络化经营。引导物流商贸及临港产业集聚发展，加强物贸一体化服务能力，衔接国际市场，形成内外互动的一体化模式，实现"物港贸"一体化。

2. 差异化发展产业，打造航运"产业走廊"

构建大宗物资交易转运中心，发挥黑龙江省地缘优势，吸引俄罗斯矿石、煤炭、木材、粮食、石油等"原字号"产品在黑龙江省落地、生产加工，形成与现有产业结构相适应且具有明显地域特征和良好市场适应性的产业集群。吸引海洋渔业、非转基因大豆加工等特色产业集聚在黑龙江省边境地区，形成与境外企业差异化发展的产业格局，避免两个市场在传统的直接竞争状态下双向缩小市场规模和能力。利用差异化产业互补，放大市场规模，带动更多市场主体拓展外贸业务。

以科技为引领的现代物流体系是整个产业链上重要的一环，是我国经济发展实现买全球、卖全球目标的根本支撑。推动物流信息互认和物流数字化发展，建设高精准的物流信息化、数字化、智慧化平台，实现无仓储和移动仓储供应，促进产销衔接、供需匹配和线上线下融合，推动传统产业转型升级，增强企业柔性生产和市场需求适配能力，促进内外贸产业链、供应链融合升级。以"全链条、大平台、新业态"为指引，大力发展航运经济，提升现代物流水平，扶持发展高效农业，积极发展文旅业。以高质量承接产业转移和技术转化为抓手，构建航运经济带现代产业体系，打造航运"产业走廊"。

3. 打开通道，连接市场端和资源端，服务向北开放战略

黑龙江省具有唯一性的物流通道资源和物流基础网络资源，极容易融入国家物流体系，应抢抓机遇，提前完成省内及境外通道基础设施布局，做长物流产业链，创新江海联运大通道物流合作模式，形成水铁联运体系。

支持跨境企业建设本土化营销网络，鼓励本土化企业境内境外联动，增强产业链供应链韧性。支持国内商贸企业与外贸企业订单直采，引导外贸企业精准对接国内市场消费需求，多渠道拓展内销市场。引导外贸企业、跨境电商、物流企业加强业务协同和资源整合，依托边境港口，加快布局海外仓、边境仓、配送中心等物流基础设施网络。提高物流运作和资产利用效率，降低外贸商品流通成本，促进形成高效通达、规模发展的国内国际市场，服务向北开放战略。

6.4 黑龙江大航运体系建设的设想

6.4.1 构建跨境水运大体系

完善黑龙江省边境口岸和跨境通道的运输组织模式，推动运输设备迭代升级，积极参与俄方对应口岸运输基础设施建设。通过江海联运，实现与俄罗斯远东地区布拉戈维申斯科、下列宁斯阔耶、哈巴罗夫斯克、共青城等城市的直接相通；进俄境的铁路，通过欧亚大陆桥，可与东欧各国相连；从黑龙江下游出江入海，经鞑靼海峡，可抵日本、韩国、朝鲜、东南亚各国，以及中国东南沿海港口城市、中国香港地区，形成江海联运水上国际贸易通道。

6.4.2 畅通松花江、嫩江粮食水运大通道

松花江、嫩江联通松嫩平原、三江平原大部分产粮市县，粮食水运通道

开通后，可通行千吨级以上轮船。外运粮食装入标准集装箱，通过粮食产区港口集疏运体系直接上船，可实现粮食水路运输，形成粮食物流水运大通道。

1. 提质降本增效

使用嫩江、松花江粮食水运通道可以有效规避铁路运费高的弊端。借助吉林省与辽宁省营口港达成合作的契机，可与沈阳铁路局议价运费，进而形成比较合理的价格机制。发挥水运运量大、成本低、污染小等优势，提升水路运输在粮食等大宗商品运输方式中的比例，缓解黑龙江省粮食外运压力，降低社会物流总费用，提高黑龙江省粮食在南方省份的竞争力，实现提质降本增效的目的。

2. 创新粮食储运格局

黑龙江省粮食等大宗商品可以通过两种水运通道实现外运。

一是可以利用松花江或嫩江航道直达吉林省大安港，然后铁路运输至南方各省，或直接通过铁路发到辽宁省营口港，利用海运发往南方各省，实现水铁联运或水铁水运输。

二是依托已形成的主要粮食运输通道，自同江、绥芬河等港口，通过江海联运、铁海直达的"中外中"转运方式，向南连接我国华东、华南基本港。借助以上物流水运走廊，打破黑龙江省原有粮食储运格局，推动形成"北粮南运、秋粮夏运、南粮北储，港仓联动"新格局。依托跨境粮食"产、供、销"全产业链基础，保证粮食转运过程中的高效率和高品质，进一步为粮食转运设立专用通道，逐步凸显黑龙江省粮食产业优势。

6.4.3 建设"四江"联通大航运体系

1. 推进"四江"联通的大航运网络建设

《内河航运发展规划纲要》（交规划发〔2020〕54号）提出：积极推进黑龙江等重要国境国际通航河流航道的综合开发利用和养护管理，有序推进乌苏里江等其他国境国际通航河流航道的建设、养护和管理。国家水运"十四五"发展规划提出：推进黑龙江等中俄、中朝国境国际通航河流航道重点碍航滩险整治。为促进黑龙江省物流提质降本增效，有效承接国家相关发展规划，建议将黑龙江、松花江、乌苏里江和嫩江贯通，打造"四江"联通的大航运体系网络。

黑龙江流域水资源丰富，黑龙江省主要河流基本情况如表 6 - 4 所示。

表6-4　　　　　　　　　　　黑龙江省主要河流基本情况

基本信息　　　河流名称	黑龙江	松花江	乌苏里江	嫩江
发源地	南源：额尔古纳河 北源：石勒喀河	北源：嫩江 南源：长白山天池	东源：俄罗斯锡霍特山西侧 西源：松阿察河	大兴安岭伊勒呼里山南坡
汇入地	鄂霍次克海	黑龙江	黑龙江	松花江
流经国家/省份	蒙古、中国、俄罗斯	内蒙古、吉林、黑龙江、辽宁	中国、俄罗斯	黑龙江、内蒙古、吉林
界河长度/公里	3000	—	492	
总流域面积/平方公里	185.50 万	55.72 万	18.70 万	29.70 万
境内流域面积/平方公里	88.70 万	—	6.15 万	—
冰冻时间	6 个月	5 个月	5 个月	5 个月
平均径流量/立方米	3465.00 亿	762.00 亿	623.50 亿	200.00 亿
水力资源/千瓦	1153.00 万	660.00 万	—	227.12 万

数据来源：根据互联网信息统计得出。

2. 构建从"港轴公辐"到"水水直达"再到"水铁联运"的航运体系

以黑龙江、松花江、乌苏里江和嫩江沿线港口为轴，以公路集疏运为辐，构建"港轴公辐"航运体系；以黑龙江、松花江、乌苏里江和嫩江航道综合开发利用为切入点，依托黑龙江省地缘优势，北向经俄罗斯尼古拉耶夫斯克（庙街）进入鞑靼海峡，南向经营口港进入渤海湾，构建"水水直达"航运体系；以黑龙江、松花江、乌苏里江和嫩江联通为基底，以吉林大安港、符拉迪沃斯托克（海参崴）为媒介，构建"水铁联运"航运体系。完善黑龙江大航运体系基础设施网络，有效发挥黑龙江省航运体系效能，支撑建设我国向北开放新高地。

6.4.4 谋划东北亚国际水运大通道

1. 联通东北亚，衔接北极东北航道

出海口对于一个地区的发展至关重要，关系其兴衰。国家多次出台刺激性政策，提振东北经济，打通松辽运河，打造东北亚水运大通道，这是提振东北经济的重要举措。

向南经松辽运河过营口贯通黄海、渤海，进入华东、华南基本港、长江水道和珠江水系，联通东北亚；向北过松花江、黑龙江（阿穆尔河）到达尼古拉耶夫斯克，跨鞑靼海峡，衔接北极东北航道。东北亚国际水运大通道可覆盖东北地区 145 万平方公里土地，滋养 1.1 亿人口，构建庞大的河流网络和承载巨大潜能的生态经济长廊，推动东北与京津冀、长江经济带、粤港澳大湾区等城市群的对接与互动，接续长江产业集群，辐射东南沿海。水运优势将使河流沿线成为投资热点，进而形成发达经济带，增强东北地区作为东北亚地理中心的联通、辐射功能。

2. 服务沿线区域经济，拉动产业降本增效

东北亚国际水运大通道通过"南向江海联运"和"北向江海联运"，直接实现了"中外中"和"中外外"两个市场、两种资源的大循环。东北水系网络将成为助推东北成为中俄大宗商品进出口交易中心和我国面向东北亚重要物流枢纽的重要物贸网络和经济载体。

基于水路运输货物品类与铁路运输货物品类大部分重合及农产品外运量大等特点，水路畅通后将有部分货物由陆路运输转为水路运输，降低物流成本。依靠便利、廉价的水路交通和丰富的耕地资源，东北地区可以发展成为同美国密西西比河流域一样的粮仓和农产品加工业基地。延伸哈长和辽中南城市群的辐射能力，联动通道沿线节点城市，增大资源互动、产业互通、人文互信、交通互联东北地区的发展黏性，带动辽河三角洲和三江平原地区三角洲开发，形成成本更低、流动性更强、产业黏性更大的东北全面发展新格局。

6.5 重点项目谋划

依托大航运体系，围绕粮食、集装箱、煤炭等大宗商品运输需求，打造畅通高效的水运航道，完善"水水直达"中转体系。打造集装箱"铁水联运"产品体系，满足多样化运输需求，提升"江海联运""铁水联运"比例。

6.5.1　打造畅通高效的水运航道

1. 加快高等级航道建设

按照"四江"联通大航运体系建设总体要求，打通松花江、嫩江、黑龙江、乌苏里江堵点，整治上下游航道，提升航道通航能力，加快推进梯级枢纽建设，全线畅通千吨级以上航道，并要预留远期扩能空间。

2. 优化港口功能布局

结合沿线城镇开发利用及临港产业布局情况，统筹规划航道沿线港口布置和开发建设时序，加快港区发展，推进综合港区建设，实施港口设施设备改造，提升既有码头作业效率，强化综合服务能力，优先发展专业化和公用码头，有序推进航道沿线村镇便民码头建设。

3. 加强配套工程建设

在航道沿线合理设置停泊锚地、水上服务区、航道管理站、工作船码头等支持保障设施，为通航船舶提供临时靠泊、待闸和应急避风等服务，满足航道养护、行政执法、水上应急救助等需要，提高对船舶、船员等的航运管理服务水平，保障航道安全畅通。

6.5.2　推动多式联运高质量发展

1. 完善港口集疏运网络

加快港区、作业区疏港公路和疏港铁路专线建设，实现港区与高速公路、铁路货运通道、厂矿企业、综合物流枢纽之间的物流连接，有效解决"最后一公里"问题。

2. 搭建物流设施网络

全面推进航道沿线多层级、强关联的物流设施体系建设。统筹建设一批综合物流园区，推进专业物流中心建设，支持黑龙江省特色产业发展物流组织。围绕主要农产品产地、销地和进口地，建设冷链物流设施，积极申报建设国家骨干冷链物流基地，打造综合性冷链物流集聚区。

6.5.3　实施数字水运创新工程

1. 建设数字航道

加快建设电子航道图系统；积极应用遥测遥感技术，建设智能化航标；加快建设通航建筑物统一调度信息系统，实现水质监控、航道维护、水上交通安全监管、船闸管理与调度、水上交通执法等港航业务的协同化、精细化、数字化。

2. 打造数字港口

积极支持港口企业提高码头前沿装卸设备、运输车辆、堆场装卸机械等关键设备的自动化水平，进一步提升港口装卸作业效率。推广及应用无人堆场系统、无线调度通信系统、集装箱岸桥智能理货系统等智能化技术。

3. 完善数字平台

积极支持航运中心智慧物流综合服务平台推广及应用，推进多式联运各方数据共享，实现"信息广泛互联、资源优化配置、业务协同联动、港产协同发展"目标。完善黑龙江省水上交通安全环保通信、电子巡航、船舶便捷过闸、安全过桥等信息系统，为船舶提供便捷、智慧的信息服务。

6.6　战略实施

黑龙江省将落实交通强国、航运强国建设要求，紧扣"物港贸"一体化和高质量发展两个关键，以服务区域发展为中心，以互联互通为目标，以改革创新为动力，坚持优化提升、适度超前的原则，加快推进内河水上交通与区域经济发展高效衔接和有机融合，提升港口群辐射能级，全面提升运输效率、服务品质和融合水平，以打造"三个体系"有效支撑、带动东北地区更高质量发展，为更好地服务国家发展奠定基础。

6.6.1　打造千吨级货运港航网络体系

集成港口网、运力网、货源网、组织网，全力整合港口资源，强化港口基础设施建设，提高港口系统能力，大力开发和整治航道，畅通千吨级航道；

推动多种运输方式深度融合，进一步优化调整运输结构，提升综合运输效率，加快船舶运力优化速度，根据需求发展专业化、标准化船舶，以更好地适应货物运输要求；充分开发俄方市场和国内沿江市场货源，做好市场细分，降低组织成本，提升服务质量，形成千吨级货运港航网络，促使各类要素资源匹配更趋合理、源头降本增效成果更加显著。

6.6.2 打造跨境物贸新体系

随着国际形势的不断变化，中俄两国的经贸关系步入新的发展阶段，黑龙江省作为对俄经贸合作的"桥头堡"和"枢纽站"，境外贸易将会呈现逐年增长趋势。通过跨境商贸服务、跨境电子商务平台，强化境外货源组织能力，使进出口货物集约化，将有助于黑龙江省形成新的跨境物贸体系。全省外贸港口通过创新"物流＋贸易＋产业"发展模式，积极构建"物港贸一体化"发展新格局，将吸引国际贸易、跨境电商、金融服务等新兴业态集聚，拉长产业链条，催生产业集群，提升产业水平，打造区域经济增长极，实现从运输通道到产业集聚的转变，推动外贸港口高质量发展取得新成效。同时，黑龙江省要更加注重产业与港口功能的"耦合"，加快发展港口后方配套产业，招引关联项目，纵深推动港口、港区、港城联动发展，特别是要向保税物流、冷链仓储、现代金融、大宗商品交易、跨境电商等港口服务业进军，进一步延伸港口贸易增值环节、拓展服务领域，作好"港口＋产业＋贸易＋互联网＋供应链金融"五位一体发展大文章。

6.6.3 打造"公铁水"多式联运体系

当前，我国正逐渐形成以国内大循环为主体、国内国际双循环相互促进的新发展格局，超大规模的内需市场即将到来。这给港口带来了新的发展机遇，也对物流效率提出了更高要求。由多种交通工具相互衔接转运共同完成的多式联运，是高性价比、高效率的物流运输方案。黑龙江省综合运输体系基本完备，拥有黑龙江、松花江黄金岸线以及佳木斯、同江、抚远、黑河等重要港口，同时拥有铁路货运站和便捷的公路交通网络，发展"公铁水"多式联运，具有天然的便利条件。黑龙江省应充分发挥水路对外联通作用和港口物流枢纽作用，"双管齐下"，精准延伸"触角"，迅速、有效提升港口辐射能力与承载能力，打造对内扩散和对外出海双循环的新多式联运通道。

一方面，加强与辽宁地区的出海港如辽宁营口、盘锦等的合作。以黑龙江省腹地向江苏泰州周边地区运输货物为例，通过"水铁"联运至营口等港口，然后经过海运，进入长江水道，运到泰州港，中转至宜昌港，再从宜昌通过铁路运至西南、华南等地；另一方面，要接长黑龙江省无法出海的"短腿"，加强与俄罗斯布拉戈维申斯克、哈巴罗夫斯克等港口的合作，放大港口对俄进出口转换能力。在俄乌冲突背景下，黑龙江省机械类货物出口大增，仅黑河港 2022 年大型机械整车出口就达 6600 余台，同比增长 127%，这些货物主要经公路在黑河、同江等地集港，水运至俄方港口，再经西伯利亚铁路运至俄罗斯西部。整合运输过程中的资源，解决"公铁水"运输方式中"临而不接、连而不畅"问题，形成运输时间减少、运输距离缩短、运输成本降低的最优解决方案，既可加快货物周转速度，还可有效降低企业物流综合成本。同时，黑龙江省还要进一步完善服务功能，形成市场机制完善的"公铁水"联运市场，以获取持续、稳定的流转货源，提升企业利润获取能力。

7 构建东北亚国际水运大通道的设想

7.1 研究背景

东北地区是我国重要的工业和农业基地,在维护我国国防安全、粮食安全、生态安全、能源安全、产业安全方面十分重要,关乎国家发展大局。实现东北振兴,要充分认识到推进老工业基地全面振兴的重要性和紧迫性,坚持统筹发展和安全发展,从推动形成优势互补、高质量发展的区域经济布局出发,着力破解体制机制难题,着力激发市场主体活力,着力推动产业结构优化调整,着力构建区域动力系统,着力在落实落细上下功夫。主动融入、积极参与"一带一路"建设,加强与周边国家基础设施的互联互通,努力将东北地区打造成我国向北开放的重要窗口和东北亚地区合作的中心枢纽。

种种原因造成我国南北地区经济、社会、文化等发展不平衡。2022 年,辽宁、黑龙江、吉林三省 GDP 总量分别排在全国第 17、第 25、第 26 位。从整个区域格局来看,2022 年东三省 GDP 占全国的比例为 5%,东部、中部、西部地区占比分别为 51%、22%、21%。2000—2022 年全国各省份 GDP 增幅排序中,吉林、辽宁、黑龙江分别以 7.5 倍、6.2 倍、5.6 倍排在第 29、第 30、第 31 位。要想从根本上解决南北发展不平衡问题,需要加大对北方地区的支持和投入力度,加强经济发展和对外交流与合作,使东北地区走出一条质量更高、效益更好、结构更优、优势充分释放的发展新路,推动东北全面振兴实现新突破。

7.2 解决区域发展不平衡问题的典型经验

7.2.1 产业梯度转移是促进区域协调发展的重要途径，是大国优势的重要体现

美国在现代化过程中长期受到区域发展不平衡的困扰，具体表现为工业化起步较早的东北部沿海地带、五大湖地区与后发展的南部地区、西部地区（常称为"阳光地带"）长期存在较大发展差距。1900 年，美国东北部人口占全国总人口的 60%，中西部占 30%，南方仅占 10%。美国的内战一定程度上就是南北区域发展不平衡的结果。第二次世界大战后，在联邦政府的积极干预下，美国产业特别是制造业向南部、西部转移的步伐加快，"阳光地带"成为美国经济最活跃的新兴工业化地区。西部的加州在 20 世纪 70 年代取代纽约州成为美国经济第一大州，南部的得克萨斯、佛罗里达等州也实现了快速发展。到 20 世纪 80 年代末，美国区域发展的平衡性显著增强。

日本在第二次世界大战后的发展中也长期存在着区域发展不平衡的问题，突出表现为以东京、大阪、名古屋为中心的三大都市圈与距离都市圈较远的"过疏地区"有较大差距。与三大都市圈相比，"过疏地区"产业规模小、人均收入低。20 世纪 60 年代后，日本加快了对经济落后地区的建设步伐。经过几十年的开发，日本后发地区工业迅速发展，工业集聚度和人均收入接近全国平均水平。

7.2.2 成功的区域产业转移需要政府的积极引导和政策支持

政府在推进区域产业转移过程中发挥着必不可少的作用。美国联邦政府在建设西部、南部地区的过程中，就从不同领域以不同方式采取了力度较大的政策支持。美国在建设"阳光地带"过程中，颁布《地区再开发法案》等相关政策规划，确定援助重点、实施步骤以及目标。从 20 世纪 30 年代起，美国联邦政府就开始对"阳光地带"实行广泛的税收优惠政策和大规模的财政补贴政策，州政府以及县、市政府也都制定了相应的税收减免政策。美国

联邦政府通过经济开发署对在后发地区投资的私人企业提供长期的低息无息贷款、贷款担保,对向相关投资方提供贷款的金融机构予以信贷保险和技术援助。对于耗资大、工期长、收益不稳定的大型工程,美国联邦政府直接投资建设。在吸引人才和发展教育方面,美国联邦政府制定了不少吸引技术人才到后发地区工作的优惠政策,如发放迁移补贴、住房补贴、提供就业培训所得税优惠等。在政府采购支持方面,从 20 世纪 40 年代开始,美国联邦政府军事拨款就一直向南部倾斜,在南部地区建立起一系列拥有高端技术的国防工业基地,巨额拨款既促进了南部地区的工业发展,又带动了消费。

7.2.3 新兴产业转移的实际效果往往好于传统产业

通常认为后发地区要从承接和发展劳动密集型轻工业起步,逐步过渡到资本和技术密集型产业,但从实际情况来看,后发地区仅靠上述"按部就班"的追随式发展难以实现有效追赶,更重要的是,后发地区要充分把握新技术条件、政策条件下区域具有的新优势,传统产业和新兴产业并举发展。

20 世纪 60 年代蓬勃兴起的科技革命是发展的催化剂,美国西部、南部地区的纺织、木材、服装、食品加工、金属加工等劳动密集型传统制造业实现了快速发展。同时,半导体、计算机、生物技术制药、航空航天等新兴产业也实现了突破式发展。如今美国最著名的高科技工业和科研基地,如加州的"硅谷"、得克萨斯的休斯敦—圣安东尼奥—达拉斯三角区、北卡罗来纳的"科研三角园"等,都位于美国西部和南部地区。

1983 年,日本政府颁布《技术聚集城市法》,规定"技术聚集城市"的建设必须在三大都市圈以外。经过数十年的开发,日本在"过疏地区"建设"技术聚集城市"取得了很大成功。日本九州南部的熊本、鹿儿岛、宫崎三县,相继建立了以生产集成电路为中心的工业地区,九州成为日本的"硅岛",三大都市圈外围地区建成了多个以尖端技术为中心的科学技术新城。

区域发展不平衡是国家在现代化过程中特别是在高速发展阶段难以避免的问题。区域发展不平衡问题如果不能很好的解决,会对国家的稳定和发展带来不利影响甚至是严重威胁。区域发展不平衡仅靠财政转移支付难以解决,需要依靠推动欠发达地区产业发展形成增长内生动力。

7.3 东北地区全面振兴缺乏区域动力系统

我国南方和东北地区发展差距呈现出越来越大的趋势。党中央、国务院历来高度重视东北地区发展，2003 年作出实施东北地区等老工业基地振兴战略的重大决策以来，多次出台支持、帮助和推动振兴发展的刺激性政策。

7.3.1 由"区域地理中心"向"经济发展重心"转变的能力不足

东北地区由黑龙江、吉林、辽宁三省以及内蒙古东五盟市构成。从国内版图来看，东北地区位于我国的最角落，远离中原腹地和经济发达地区，是交通末梢、贸易死角。站在全球角度看，东北地区处于东北亚中心位置，是区域物贸流通的交汇点，是沟通世界、连接东西方的主要节点。虽然东北地区临近的俄罗斯远东、朝鲜等地资源富集，但两地开发力度不够，待开发区域占比较大；日本、韩国两国经济发力点目前不在我国东北地区。缺乏互联互通的规模能力和新的可释放空间，导致东北地区虽然区位优势显著，但区域经济活力不足，产业空心化和产业绕行现象比较明显，无法实现由"区域地理中心"向"经济发展重心"的转变。

靠近航运发达流域的城市，靠着廉价的水路运输，生产的产品价格竞争力会优势明显，经济也会发展较快，这也是中国经济发达地区集中在长三角地区和珠三角地区的原因。长三角地区和珠三角地区靠着长江和珠江发达的航运体系，原材料以及工厂生产的产品能够廉价地运送到世界各地，投资环境自然偏好，经济发展迅速也在情理之中，这也是我国南方地区和东北地区经济差距较大的一个重要原因。

7.3.2 "铁路偏执经济"使东北地区缺少区域发展支撑

近百年来我国东北地区曾经四次经济崛起，其中三次因通道基础设施建设而实现，另一次是基于东北地区丰富的资源，由重工业发展带动起来的。

东北地区城市和社会经济主要集中在铁路沿线区域发展，河流则日益荒芜，致使大片土地生态恶化。东北水系发达，但偌大的水网体系不但没利用好，还经常发生过涝或者过旱的情形。水运拥有运量大、成本低、节能环保优势，非常适合大宗商品和超长超重物资运输，东北和俄罗斯远东地区有丰富的煤炭、木材、粮食、油和矿产品等大宗商品资源，水运是一条不可缺少又经济的通道。

有学者指出，由于历史原因，东北地区形成的"铁路偏执经济"发展模式一直延续至今。"铁路偏执经济"发展模式下，城市群落和经济轴心线性存在，缺少区域间的发展支撑，阻碍了东北地区与外界互联畅通，使得东北地区参与双循环的能力明显不足。

7.3.3 单一政策支持难以形成推动多维产业发展的宏大载体

自 2003 年 10 月中央从全国一盘棋的大局出发，提出振兴东北等老工业基地的重大战略部署以来，我国一直持续推进东北振兴相关工作。据统计，截至 2021 年，针对东北振兴的相关政策已有 1000 余项，其中，国家政策 200 余项。国务院陆续批复了《东北振兴"十二五"规划》《东北振兴"十三五"规划》及《东北全面振兴"十四五"实施方案》等。虽然国家在东北振兴推进方面做了大量工作，但是东北振兴的道路十分曲折，面临着重重困难。东北地区已经成为整个国家的发展短板，我国南北方发展差距呈现出越来越大的趋势。

我国经济发展的显著特点是大江大河三角洲带头崛起，最为突出的是珠江三角洲和长江三角洲。东北地区有黑龙江、乌苏里江、图们江、鸭绿江四大界江和松花江、辽河两大内河，水资源丰富、水网密布，当前东北全面振兴处于爬坡过坎关键阶段，需充分发挥东北沿海沿边等区位优势，作好对外开放大文章，发展沿海经济带，扩大沿边经贸合作，增强港口集群辐射带动能力，积极参与东北亚经济循环。政策性推进东北振兴效果不够明显的主要原因，是东北振兴缺少推动多维产业发展的宏大载体，这与《东北全面振兴"十四五"实施方案》提出的东北全面振兴要从推动形成优势互补高质量发展的区域经济布局出发、建设开放合作发展新高地、推进产业结构调整、构建高质量发展区域动力系统、完善区域基础设施网络的提法高度一致。

7.4 构建内畅外联的东北亚国际水运大通道

目前，水路依然是联系世界的纽带，一个国家或一个地区强大的制造业，必然需要低成本的水路运输系统做支撑。从世界范围来看，大江大河出海口，往往都会形成大型城市，世界工业也主要集中在水运方便的地区。

东北地区应充分发挥自身区位优势和产业优势，加大水网经济基础设施建设力度，构建东北亚国际水运大通道，提升区域经济热度，承载创新发展方式，有效实施动能转换，突出双碳环保优势，创造多维经济结构并行发力的宏大载体，打破东北地区多年来发展的僵化局面。同时，兼顾流域整体和水资源空间均衡配置，加强跨行政区域河流水系治理保护和骨干工程建设，提升水资源优化配置和水旱灾害防御能力。

7.4.1 打通水系脉络，维系生态基底，形成生态经济带

在我国平原面积最大的东北平原上，松花江和辽河是我国两个主要的江河水系。然而，这两大水系却不相通，黑龙江、内蒙古、吉林和辽宁的粮食、煤炭、日用品等商品无法通过水运互通，产自我国南方以及沿海地区的商品也无法通过海运经辽河口上溯进入吉林、内蒙古和黑龙江等地区。黑龙江和吉林等地的商品也无法通过河道水运直接进入渤海湾出海外销，只能通过陆路货运至辽宁南部的出海口，更具有价格优势的水运方式无法充分利用。

开挖联通辽河和松花江流域的运河，打通两者间脉络，是解决这个问题最好的办法。在辽河大拐弯处向东北方向开挖通向松花江的运河，将两大水系连接起来，松嫩平原、三江平原和辽河平原将实现一河贯通，水资源利用率更高，交通和航运方面的便利性可以造就明显的经济效益。"松辽运河"开通后将形成更为壮阔的地理联通空间，形成历史性跨越的东北亚国际水运大通道，这对于东北地区全面振兴意义重大。

7.4.2 连通哈长和辽中南城市群，形成经济聚集区，提升东北地区竞争力

哈尔滨与大连直线距离近 900 公里，东北四大核心城市哈尔滨、长春、

沈阳和大连四地分布在这 900 公里的"一字长蛇阵"上，地理位置过于分散，不易形成经济集聚效应。长三角以上海为龙头，苏州、杭州、南京和宁波围绕，珠三角则是深圳、广州、东莞、佛山、珠海等城市集聚在珠江出海口的珠三角平原地区。以上两个经济发展迅速的区域经济体，均为三角形互为犄角的城市群落，容易形成资源互动、相互依靠、协同共进的发展格局。

借助哈长和辽中南城市群的布局，增强城市群辐射能力，联动节点城市，形成区域网络格局。在哈尔滨—营口水运通道上设置经济体连接网络，形成以哈尔滨为龙头，大庆、齐齐哈尔、绥化、佳木斯、松原联动的第一个经济带，长春、吉林、通辽聚集的第二个经济带，沈阳、铁岭、抚顺、阜新、辽阳、营口、锦州、大连联动的第三个经济带。3 个经济带通过既有铁路和谋划建设的水运通道连接，增强资源互动、产业互通、人文互信、交通互联的东北区域发展黏性，带动辽河三角洲和三江平原地区三角洲开发，从而促进形成成本更低、流动性更强、产业黏性更大的东北全面发展新格局。

7.4.3 打造水上战略运输通道，支撑国内大循环，实现东北地区全面振兴

2020 年 10 月 29 日，党的十九届五中全会通过《中共中央关于制定国民经济和社会发展第十四个五年规划和二○三五年远景目标的建议》，提出"加快构建以国内大循环为主体、国内国际双循环相互促进的新发展格局"。水运有运量大、成本低、节能环保的优势，非常适合大宗商品和超长超重物资运输，水运是一条不可缺少又经济的通道，因此，通海水道建设是具有必要性、前瞻性的重要举措。

1. 利用水路运输优势，降低运输成本

水运成本仅约为公路运输成本的 20%、铁路运输成本的 30%。东北地区大部分水路运输货物品类为石油、液化燃气等液体货，煤炭、钢铁等干散货和机电设备、化工制品、农牧渔业产品等散杂货。作为"北向江海联运"与"南向江海联运"重要通道，从构建内循环上分析，原出海通道与新出海通道运距、成本、效率等差别巨大，其中，运距效率分析如图 7 - 1 所示。

通过对比可以看出，从佳木斯出发，新出海通道比原出海通道运距节省

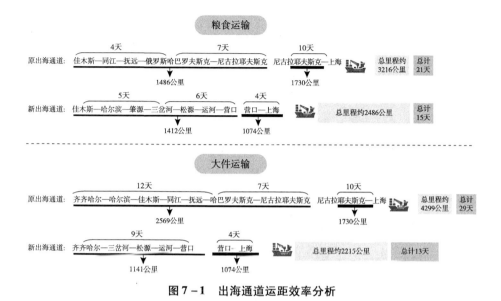

图 7-1 出海通道运距效率分析

730 公里，时间节省 6 天；从齐齐哈尔出发，新出海通道比原出海通道运距节省 2084 公里，时间节省 16 天。建设新出海通道，可以有效落实降本增效政策，助推东北地区全面振兴。

2. 依托水路运输品类的特性，打造国家战略运输通道

水运通道开通后，松嫩平原、三江平原大部分产粮市县通过松花江或其支流与运河水路联通，通道可通行千吨级货轮，能够有效发挥水运运量大、成本低、污染小等优势，提升水路运输能力，缓解黑龙江等粮食外运压力。水运通道还可以运输大型、重型特种机械设备，有力支撑东北大型、重型设备的本土化加工制造，利用东北地区的地缘优势，实现国内大型、重型设备的跨区域、跨国界运输，将水运通道打造成为国家战略运输通道。

3. 水运通道成为东北地区落实五大安全战略的重要支撑

东北地区由于长期荒废水域资源、弱化水路运输方式，淤泥累积、河流水量渐少；境外丰富的资源由于没有利用好水路运输，尚未形成稳定的回运通道，为国内生产加工带来的效益并不明显。优化水运通道条件，在推动东北地区水运发展的同时，可以有效落实国家五大安全战略，利用东北地区源远流长的界江资源，形成天然的国防屏障；稳定的粮食产量成为国家粮食安全的有力后盾；逐年改善的生态环境将成为生态安全的基础条件；富集的境

127

外资源，可持续保证国家生产加工的供应储备；充分利用东北地区丰富的水资源，培植森林、优化农业、带动产业、开辟通道，优化发展结构，从自身资源和区位角度服务国家重大战略。实施水网建设、重大生态系统保护修复、防洪减灾、沿边沿江沿海交通建设等一批强基础、增功能、利长远的重大项目，可有力地保障国家五大安全战略在东北地区稳步落实。

4. 利用河网优势打造内河经济带，实现国内大循环

东北地区应充分利用沿海沿边优势，开通水路航道，联通重要港口，同时利用东北河流支流丰富、水量充沛的特点，由疏变蓄，发展河网经济，增强东北地区作为东北亚地理中心的联通辐射功能，真正实现国内大循环。

7.4.4　衔接"一带一路"新通道，参与国际大循环，打造面向东北亚的枢纽核心

习近平总书记在第二届联合国全球可持续交通大会开幕式上的讲话中提到，"中国将继续推进高质量共建'一带一路'，加强同各国基础设施互联互通，加快建设绿色丝绸之路和数字丝绸之路"。东北地区要做好与"一带一路"建设、京津冀协同发展、长江经济带发展"三大战略"的互动衔接，加强与欧亚经济联盟、蒙古国草原之路倡议的对接，推进中蒙俄经济走廊建设，加强东北振兴与俄远东开发战略衔接，深化毗邻地区合作。以推进中韩自贸区建设为契机，选择适宜地区建设中韩国际合作示范区，共建中日经济和产业合作平台。东北亚国际水运大通道向南连接长江流域长三角、珠三角经济圈，向东延伸至俄罗斯远东地区，对接远东港口群，流入北冰洋东北航道，有利于实现内河运输的国内大循环和国内国际双循环。东北亚国际水运大通道内部是连接东北地区与国内腹地的重要物贸流通渠道，外部是连接我国与东北亚的重要航路，是中国—东北亚—北冰洋东北航道的重要组成部分，衔接"南向江海联运"和"北向江海联运"，在实现"中外中"和"中外外"两个市场、两种资源的大循环中发挥着重要作用。

借助东北沿边区位特点，积极参与国际大循环，借"滨海1号"和"滨海2号"国际交通运输走廊，联通俄罗斯远东地区、日本、韩国、朝鲜和我国东北区域，形成区域对外开放大格局。国际货物运输在东北地区借港就近

出海，连接欧美国际商贸新通道，实现外贸货物在俄远东港口装船，以符拉迪沃斯托克（海参崴）为起点，向北连接"冰上丝绸之路"，直通北冰洋航线，深入欧洲，向南连接亚非，呼应"海上丝绸之路"，或经水运通道于辽宁港口下海，转运至境外各国，加强东北地区与其他国家的货物流通。

改革开放四十多年来，我国东北地区和俄罗斯远东地区形成了第一个经济阶差，表现为俄罗斯远东地区离开毗邻的东北地区很难实现大批量资源物贸流通；京津冀地区和东北地区形成第二个经济阶差；珠三角、长三角和京津冀形成第三个经济阶差。按照资本从高阶向低阶流动、资源从低阶向高阶流动的规律，无疑俄罗斯远东地区的资源和我国南方发达地区的资本将在东北汇流，而丰富的水系网络将成为助推东北成为中俄大宗商品进出口交易中心和我国面向东北亚的重要物流枢纽的经济载体。只有打造开放合作发展新高地，加大开放合作力度，提升东北亚国际合作水平，打造高水平开放合作平台，东北经济才能更好地融入国内外市场，经济要素才能更加高效流转，产业才能以低成本的方式落户东北，新动能才能带来新的发展方式，激发巨大的市场潜能。东北亚国际水运大通道作为多维经济结构并行发力的宏大载体，在服务东北经济深度发展、国家战略有效实施、中华民族伟大复兴方面发挥着巨大作用。

7.5 东北亚国际水运大通道建设可行性

7.5.1 社会经济效益分析

在国内经济迅速发展的过程中，内河航运具有不可或缺的作用。随着江河经济带的不断发展，河流已由单纯的航运、防洪、排涝、供水功能，向生态、能源、景观、文化、休闲旅游、金融、港口、现代工农业等多功能转变延伸，带动河流区域经济带快速形成和发展。

1. 区域利益平衡

黑龙江省方面，可以提高松花江干流航道利用率。黑龙江省现有大小船舶近千艘冬季不能出航，贸易、船舶代理等相关行业几十万从业人员冬季失业，松辽运河开通后，黑龙江到辽宁的通航船舶至少会延长 2～3 个月经营期，资产利用率和从业人员收入将大幅提高。

吉林省方面，运河及其附带的两个航运枢纽建设在吉林省境内，运河周边地区是吉林省较落后的丘陵地带，运河的开通将极大地刺激和带动其经济发展。

辽宁省方面，增加分洪、航运和发电功能，对于辽河干流流域的社会稳定和经济发展非常有利。

内蒙古方面，工程建设虽然不在内蒙古，但三江航运枢纽建成后，通辽市经西辽河至三江枢纽只有约 140 公里，作为蒙东重要的交通枢纽，通辽钢铁和煤炭等资源丰富，尽管西辽河年径流量不是很大，但通航改造后通辽市变成港口城市，当地煤炭等矿产资源可低成本运出，从而带动城市和社会经济发展。

俄罗斯远东地区与黑龙江省类似，由于没有调水只有分洪，因此，有益无害，其丰富的木材和矿产资源可逆流运到中国东北地区，同时，东北地区产品也会顺流运到俄罗斯，形成互补。

2. 航运效益和产业拉动作用

航运效益是水运通道的基础性功能。构建东北亚国际水运大通道，可使松花江、辽河、嫩江、黑龙江和乌苏里江连成覆盖东北三省的千吨级航道网，改变哈尔滨、佳木斯、齐齐哈尔、长春、吉林、松原、白城、沈阳、鞍山和营口等工业城市航运被抑制、运输结构不合理的现状，使水运运能大、能耗低、低排放的比较优势得以充分发挥，促进钢铁、机械、石油化工、矿产、建材、汽车和粮食等货物采用水路运输，形成贯穿东三省的新的南向水运通道，连接长江沿线和东南沿海，顺应东北地区大宗商品流向，完善东北地区综合立体交通运输网络。

拉动东北地区多维产业繁荣发展，提升东北地区出口产品的竞争力、减少进口产品的物流成本；提供充足的工业用水，促进高端装备制造业、节能环保业、新兴信息产业、生物产业等新型临江制造业发展，带动东北地区产业转型升级；促进港口、内河航运、物流等服务业发展，同时通过内河集装箱运输产业链条带动金融、保险、信息等产业发展；充分利用地面水资源，保护东北黑土地，稳定东北基本农田，提升抗风险能力，保障国家粮食基地稳定高产；发展水产养殖业，增加地区人民收入；扩大沿线地区农业灌溉面积，降低农产品物流成本，进一步扩大东北地区农业优势。

3. 城乡发展和生态效益

东北亚国际水运大通道的建设，可以促进运河及水系沿线地区新型城镇化和城乡一体化发展，提升沿线地区城市的运输能力、土地价值，催生新兴城市，促进沿线港口繁荣发展。"以港兴市、港城共兴"是东部沿海沿江城市发展重要的成功经验。港口经济是一个综合度极高的经济体系，港口的发展必然促进新型城镇化，成为经济增长新引擎。创建水源充沛的河道、植被繁茂的河岸、优质的空气和地下水环境，有利于形成良好的立体生态环境，形成人与自然和谐共生的乡村发展新格局，推进运河沿线地区美丽乡村建设，带动运河沿线乡村振兴，促进以水运通道为纽带、辐射广大农村地区的城乡一体化发展。

航运只是整体河流生态系统的一个功能，只有结合河流生态经济带建设，才能使其产生磁性效应，释放巨大潜能。河流是区域生态发展的关键要素，东北地区对生态用水的重视程度不够，致使河道缺水或断流，地下水位下降严重。建设水运通道，可以实现河流和湖泊蓄水，改善河流沿线地上、地下水资源储备和气候生态环境。在河流沿线开发水上、冰上旅游产业，建设景观和生态航道，将改善沿线城乡生态环境，促进人与自然和谐共生、经济与环境和谐发展，形成东北地区生态经济带。推动东北地区"公铁水"货运结构重大调整，大幅提升水路货运比例，水路运输的低能耗、低排放特点可为"碳中和、碳达峰"作出重大贡献。

4. 能源贡献和文化价值

东北地区的地表径流量约为1500亿立方米，水库湖泊等淡水资源面积达0.9万平方公里左右，通过兴建梯级航电枢纽，可以有效调节库存和持续利用电能。仅水力发电一项，就会为东北地区高质量发展贡献巨量的清洁能源，可以有效解决东北地区煤电为主的尴尬局面。以松花江大顶子山航电枢纽为例，装机66兆瓦，年均发电量3亿度，相当于12万吨原煤的发电量。以此类推，东北亚国际水运大通道全面开发水电能源后，可以替代火电用煤480万吨/年，具有较强的能源结构调整的现实性、紧迫性和可持续性，能够很好地将东北地区的资源优势转化为发展优势。

在中华民族的发展史上，运河的建设对推动区域文化形成和民族融合起到了巨大作用。松辽运河建成以后，将实现对东北地区的文化滋养，推动南北方文化深度融合，完成经济等的历史性提升，把东北地区带入一个更高发展层级，实现连接高端、互补共荣、深度发展、对话世界的目标。

7.5.2 建设可行性分析

1. 东北地区水资源丰富

东北地区水资源丰富，主要河流资源包括黑龙江、松花江、乌苏里江、嫩江、图们江、辽河及鸭绿江等，根据交通运输经济学理论，一个地区运输体系的建设、优化需要以该区域的自然条件和产业发展类型为依据，只有选择最适合本区域的运输结构，才能有效地促进区域经济发展。基于丰富的水资源，黑龙江省可以加大水网经济基础设施建设力度，利用每年约 1500 亿立方米的地表径流，将"调水模式"变为"蓄水通航模式"，将东北"铁路偏执经济"转变为"以铁路经济为主、水网经济为辅"，最终转变为"铁路经济与水网经济并重"的发展模式。

2. 已有研究基础

早在清康熙二十二年，就曾提出开掘松辽运河的设想。民国初期，孙中山在"建国方略"中也对开掘松辽运河做了科学的设想和精辟的论述。1994年 8 月，国务院印发了《国务院关于辽河、松花江流域综合利用规划的批复》，原则上同意规划提出的北水南调骨干工程体系。近年来，结合相关规划，相关单位对松辽运河开展了大量研究，为后续松辽运河的开发提供了研究基础。近年来，工程有了实质性进展，主要是完成了调水渠道兼航运的运河规划、线路走向和设计，投资建设了尼尔基水利枢纽、哈达山水利枢纽等松辽运河必需的前置性水利工程。2019 年 7 月 1 日，有关学者建议重启松辽运河工程，推动整个东北地区主要河流联网成片，形成覆盖整个东北地区的河流网和生态经济带。交通运输部指出，"建设松辽运河对东北振兴和区域综合交通体系建设、推动地区经济社会发展具有重大意义，考虑松辽运河是个系统工程，涉及水资源调配和路由选线等问题，建议进一步深化研究"。

3. 技术经济可行性

改革开放以来，我国水运基础设施建设取得巨大成就，我国掌握了各类复杂的水运工程建设技术，同时，松辽运河所处区域大多为平原地带，相较其他运河工程，建设复杂性相对较低，技术上也更加容易，建设成本较低。

7.6　结论展望

水路是联系世界的纽带。我国东北地区地处东北亚核心地带，水运通道的建成有助于推进大宗货物和中长途货物运输"公转水"，加快形成内外联通、安全高效的物流网络，提升国际海运竞争力，对于东北地区发展外向型经济、开辟更多的国际贸易通道、扩大对外开放将起到不可比拟的作用。构建完善的立体交通运输网络，实现水运与陆运的联合，强化运输效率，不断降低运输成本，深入推进交通领域低碳转型，有利于实现东北地区全面振兴。

8 无人驾驶在中俄陆路通道过货能力提升中的应用研究

8.1 研究背景

2023 年中俄两国共同签署《中俄关于深化新时代全面战略协作伙伴关系的联合声明》《关于 2030 年前中俄经济合作重点方向发展规划的联合声明》，双方确定以扩大贸易规模、优化贸易结构、大力发展互联互通物流体系等为合作重点，这为黑龙江省对俄贸易发展带来巨大机遇。

8.1.1 中俄进出口贸易额变化趋势分析

对 2018—2022 年我国和黑龙江省对俄进出口额（见表 8 – 1）进行统计分析，可以看出，我国对俄进出口额年平均增长率为 12.5%，黑龙江省对俄进出口额年平均增长率仅为 8.7%，黑龙江省进出口额全国占比及排名都呈现出下降趋势，分析其原因，除产业经济等方面的影响因素外，口岸通关效率较低也是很重要的一个方面。

表 8 – 1 我国和黑龙江省对俄进出口额

年份	我国对俄进出口额/亿元	黑龙江对俄进出口额/亿元	黑龙江进出口额全国占比/%	黑龙江进出口额全国排名
2018	7076	1221	17.3	1
2019	7641	1271	16.6	1
2020	7466	974	13.0	2
2021	9487	1313	13.8	2

续　表

年份	我国对俄 进出口额/亿元	黑龙江对俄 进出口额/亿元	黑龙江进出口额 全国占比/%	黑龙江进出口额 全国排名
2022	12761	1853	14.5	3
平均 增长率/%	12.5	8.7	——	——

数据来源：中华人民共和国海关总署，中华人民共和国哈尔滨海关。

8.1.2　如何提升口岸通关效率

随着中俄协作关系的深入推进，两国商品贸易和运输越来越频繁。无人驾驶技术可以全时段、全天候作业，通过货物通关自动化、交替无接触、转运监管、精细化管理和规划路线优化，云端数字化智能运维可实现对海关运输流程的智能化管理，使通关操作更加自主、智能和高效并大大减少人工差错，加快货物通关速度，提升口岸过货能力。

8.1.3　俄罗斯对口岸无人驾驶的需求

2021 年 11 月 13 日，俄罗斯运输部国际合作司司长萨佩特科在 2021 年国际消费品展览会商务论坛上发言，称俄罗斯计划与中国商定在过境口岸使用无人交通设备以解决拥堵问题，目标是"尝试组织并成功实施无人驾驶汽车过境任务"。在口岸利用无人驾驶车辆运输货物，不需要彻底改变现有的跨境基础设施，需要的是标记车道并改装口岸大门。

2022 年 5 月 26 日，俄罗斯非营利组织国际运输走廊管理局副总经理科然科夫在"阿穆尔博览会论坛"上透露，俄罗斯可能在布拉戈维申斯克建设第一个使用无人驾驶车辆的智能口岸。根据项目设想，车辆从中国境内的一端开始行驶，无停顿地通过中国口岸，驶过跨越阿穆尔河的黑河公路大桥，在口岸停留最短时间，最终在位于俄罗斯境内的物流中心结束运输。

8.2　案例分析

在加快建设交通强国的整体战略下，我国各地纷纷推进智能交通等相关试点建设工作。目前，内蒙古策克、甘其毛都、满都拉、二连浩特以及广西龙邦、云南猴桥等都启用了口岸无人驾驶项目，实现了境外"散改集"、跨境"智能化"、境内"公转铁"，大大提升了口岸过货能力。

8.2.1　策克口岸

策克口岸是内蒙古自治区阿拉善盟对外开放的唯一国际通道，是内蒙古、陕西、甘肃、宁夏、青海五省（区）共有的陆路口岸，其位于内蒙古额济纳旗境内，与蒙古国南戈壁省西伯库伦口岸相对，对外辐射蒙古国畜产品、矿产品资源较为富集的南戈壁、巴彦洪格尔、戈壁阿尔泰、前杭盖、后杭盖5个省区。策克口岸是内蒙古自治区首个使用 AGV（Automated Guided Vehicle，自动导向车）和智能无人卡车两种无人驾驶方式进行跨境运输的口岸。

1. AGV

AGV 线路北起蒙古国西伯库伦口岸集装箱海关监管园区，南至中国策克口岸浩通海关监管园区，路线长约 1.6 公里。项目总投资 1.8 亿元，投入 24 台 AGV，车辆额定载荷为 70 吨，一次拉运 2 个集装箱，净载重 64.4 吨，日均运行 30 车次，运输煤炭 2100 吨。全部建成投用后，可提高 1000 万吨的年过货量。

AGV 通道全程用网围栏封闭，铺设导航磁钉，安装有局域网基站与中心控制室设备。AGV 装备有电磁学或光学自动导引装置，通道两端接入中、蒙两国海关监管园区，形成一个独立的跨境运输闭环作业区域，利用先进的查验技术及设施设备，策克口岸建立起了全程智能化监管运行体系。策克口岸 AGV 如图 8 – 1 所示。

2. **智能无人卡车**

为了将策克口岸打造为全国首个使用基于 5G 技术的量产级、高可靠性无人卡车智慧口岸，内蒙古中策电子商务有限公司与相关企业加强合作，投资约 1.8 亿元，共同研发了 5G 智能驾驶重卡跨境运输项目。该项目 2022 年 12 月 30 日投入试运行的 5 辆智能驾驶重卡，在驾驶技术和安全运行层面取得了良好的效果。

2023 年，策克口岸持续优化通关流程，切实提升口岸通关效能，主要采

图 8-1　策克口岸 AGV

用集装箱吊装和跨境运输模式进行通关贸易，全流程测试 AGV 和智能卡车运输模式。

8.2.2　甘其毛都口岸

甘其毛都口岸位于内蒙古自治区巴彦淖尔市乌拉特中旗川井镇境内中蒙边境线 703 号界标附近，与蒙古国南戈壁省汉博格德县的嘎顺苏海图口岸相对应。该口岸距蒙古国南戈壁省塔本陶勒盖煤矿约 190 公里，距蒙古国奥云陶勒盖铜矿约 70 公里，是距蒙古国两大矿山最近的陆路口岸。甘其毛都口岸 AGV 跨境运输项目被确定为全国第四批多式联运示范工程创建项目。

AGV 路径北起蒙古国嘎顺苏海图口岸 AGV 交互区，南至我国甘其毛都口岸新建海关监管作业场所，单程运距约 4 公里，我国境内约 3 公里。从甘其毛都毅腾海关监管场所出发的空载 AGV 与满载煤炭的 AGV，在口岸临时交互区由正面起重机吊装交换双方集装箱后，再各自沿原路返回自己的监管场所。

油电混动的 AGV 由振华重工设计制造，于 2022 年 7 月在甘其毛都口岸和嘎顺苏海图口岸试验测试。甘其毛都口岸一期陆续投放 40 台 AGV，配建 0.67 平方公里海关监管作业场所，年煤炭进口量增加 1000 万吨。二期将增至 80 台，海关监管作业场所扩建至 1.3 平方公里，年煤炭进口量增加 2000 万吨。甘其毛都口岸 AGV 运行场地如图 8-2 所示。

8.2.3　满都拉口岸

满都拉口岸位于内蒙古自治区包头市达尔罕茂明安联合旗（简称达茂旗）

图 8 - 2　甘其毛都口岸 AGV 运行场地

边境苏木（乡）满都拉镇中蒙边境 757 界碑处，在达茂旗正北方约 124 公里处，该口岸被国务院批准为常年开放性口岸。

2022 年 8 月 28 日，满都拉口岸由主线科技提供技术支持的 L4 级无人驾驶集装箱卡车按照口岸现有通关作业流程成功完成试运行，并进一步联合北方国际、北奔重汽、华为等合作伙伴，打造智慧无人化通关整体解决方案。该解决方案在内蒙古满都拉口岸开展无人化智能通关项目试点建设，有效提升了口岸通关效率，有利于将口岸建设成安全、高效、绿色、智能的标杆口岸。目前该无人化智能通关项目已经取得突破性进展。

整个试运行过程中，L4 级自动驾驶系统的强劲表现和强适配性，与北奔重汽的卡车完美融合，这使其具备全程自动驾驶、精准停车、自动避障行驶、自主编队行驶、自适应弯道巡航等功能，并配备四重安全冗余设计，确保车辆安全、高效行驶，为智慧无人化通关提供了强有力的技术支持，真正做到了全方位、全角度、全纬度的无人化运行。

北奔重汽智能无人驾驶车辆主要用于中蒙口岸智慧通关任务，可以有效解决中蒙口岸司机缺乏、通关效率低等问题。以满都拉口岸为试点，北奔重汽与合作伙伴共同制订了智慧无人化通关整体解决方案。L4 级智能无人驾驶车辆基于北奔重卡机械产品平台，升级了底盘线控技术并与无人驾驶技术融合，自主开发的底盘线控系统及电控系统，搭载 MDC（Mobile Data Center，移动数据中心）车规级算力平台，依托五大系统（环境感知、定位导航、路径规划、车辆控制、远程驾驶及故障诊断），基于全球定位导航和惯性导航系统，定位精度可达厘米级，可实现 24 小时（雨天、雪天、低能见度条件等）

全天候自动驾驶。

车辆拥有按规划道路行驶、遇障停车和变道、自主跟车编队、特定场景精准停车等功能，智能驾驶系统具备特定场景中《汽车驾驶自动化分级》L4级智能驾驶水平，是内蒙古自治区首台自主创新的L4级无人驾驶汽车，为满都拉口岸开展智慧无人化通关示范应用奠定了产品基础。该项目的实施，进一步提高了通关效率。同时，项目成果也将广泛应用于内蒙古自治区各口岸。满都拉口岸L4级智能无人驾驶车辆如图8-3所示。

图 8-3 满都拉口岸 L4 级智能无人驾驶车辆

8.2.4 二连浩特口岸

二连浩特口岸位于中国的正北方，内蒙古自治区锡林郭勒盟西部，东、西、南三面与美丽富饶的苏尼特草原相邻，北与蒙古国扎门乌德口岸隔界相望，年过货能力350万吨。

随着"一带一路"合作的深入推进，中蒙经贸往来日益频繁。为推动口岸经济高质量发展，二连浩特结合口岸实际，创新跨境运输通关模式，实施二连公路口岸无人驾驶智慧物流项目，计划通过AGV，连接中国二连浩特口岸与蒙古国扎门乌德口岸的物流园区，实现中蒙两国口岸"点对点"的"集装化、无人化、智能化"跨境运输，力争把二连浩特打造成"绿色、智能、安全、高效"的陆路口岸。

该项目总投资约14亿元，我国国内分两期进行，总投资7.6亿元。一期项目二连浩特宝驿智慧物流有限公司计划投资2.5亿元，占地面积11万平方米，建设内容包括在0公里至汇通园区封闭路段实施道路围栏、修建AGV行驶道路、铺设道路磁钉、搭建 360°全局监控系统、开展 AGV 实车路径测试、搭建无线基站系统、采购 15 台 AGV 等。项目建成后跨境运输日吞吐量可达 300 箱，年运能将达到 280 万吨，可有效提升口岸通关效率。二期项目计划投资 5.1 亿元，园区占地面积 35 万平方米，在一期项目建设的基础上新增采购 30 台车辆及相关基础设施设备，项目建成后，通过智能无人驾驶跨境通关运输方式，跨境运输能力预计可达到 600 万吨/年。

8.2.5　龙邦口岸

龙邦口岸位于广西壮族自治区百色市管辖下的靖西市城南部中越边境 94 号界碑北侧约 30 米处，与越南高平省茶岭县的越南雄国口岸相对应。龙邦口岸是国家一类口岸，是桂西、滇东、黔南通往越南及东南亚各国的便捷陆路通道之一。

2022 年 9 月 15 日，东风悦享科技有限公司与广西龙邦建设发展有限公司在龙邦口岸举行"中国龙邦智慧口岸无人集卡交车仪式"，现场交付 20 台车，包含电动集装箱搬运机器人、自动驾驶电动卡车、应急救援电动牵引车 3 种车型（见图 8 - 4），以无人驾驶技术解决方案助力龙邦智慧口岸建设。车辆具备多种驾驶模式，可适应不同场景及特殊环境。口岸配备电子栏杆、电子识别设备、电子地磅等卡口和控制系统，支持最快 6 秒抬杆放行通关，口岸查验平台能 24 小时不间断作业和无人值守应用，每年可服务 5000 万吨进出口货运量。

图 8 - 4　龙邦智慧口岸自动驾驶电动卡车及应急救援电动牵引车

依托亚洲开发银行贷款项目，建设中国龙邦"智慧口岸"，在"互联网 +""物联网 +"基础上，建设集贸易、产业、物流、金融、信息等功能板块，以及公共服务等职能化服务板块的"智慧园区"。项目将境内口岸服务功能延伸至越南园区，通过在越南端开展预检查、预申报、预处理等第三方服务，创新"两国一检"方式，极大地提高了龙邦口岸服务我国与越南以及东南亚其他国家进出口的通关效率，打造了一站式口岸综合服务平台。

8.2.6　猴桥口岸

猴桥口岸位于云南省腾冲西部的猴桥镇，是我国与南亚、东南亚相连的一个重要通商口岸，也是保山市唯一的国家级一类对外开放口岸。

中国移动云南公司与华为技术有限公司、猴桥口岸办联合开发的5G智慧口岸自动驾驶系统，由"车路云网"协同构成。无人驾驶车辆可实现融合感知、定位、规则控制和主动安全等自动控制，路侧设施部署了传感器和边缘计算设备，可实现车路协同驾驶。云端包含口岸运输作业管理、高精地图、车辆调度、车辆监管运营、自动驾驶等系统，是无人驾驶系统的"大脑"。部署的5G专网，可实现"车路云"系统各个模块的低时延、高可靠、高带宽连接。

8.3　口岸无人驾驶工作原理

8.3.1　口岸无人驾驶系统类别

口岸无人驾驶基于自动化技术，通过机器人等自动导航设备，实现对口岸周边物流运输的无人化控制和管理。目前，市场上主要有AGV、IGV（Intelligent Guided Vehicle，智能导引车）和AIGT（AI Guided Transporter，无人驾驶集装箱运输车），可以为口岸物流运输提供更加便捷、智能化的解决方案，提升口岸竞争力和作业效率。

1. AGV

AGV是装有电磁学或光学自动导引装置，在计算机控制下可沿规定的导向路径行驶并完成作业，具有安全保护和各种移载功能的自动小车，需要在运行区域铺设磁钉，因此对于地基的土建基础有一定要求。

AGV 由车架和相应的机械装置组成车体，采用24V 或48V 直流蓄电池作为动力，由车轮、减速器、制动器、驱动电机及速度控制器等部分组成驱动装置，接受导引系统的方向信息，通过转向装置做出转向动作，还有车上控制器、通信装置、主动安全保护装置以及被动安全保护装置。

AGV 系统结构如图 8 – 5 所示。

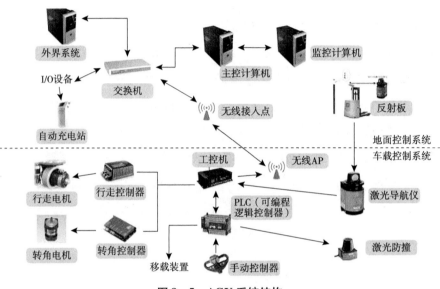

图 8 – 5　AGV 系统结构

2. IGV

IGV 采用以北斗为主的高精度卫星定位和惯性导航、激光及视觉等多传感器融合的智能导航系统，结合加速度计和陀螺仪等惯性导航器件，实现定位和定向。通过安装在车上的激光雷达，扫描集装箱堆场区域内预设的定位立柱，将之作为参照特征，实现车辆定位，通过安装在车上的摄像头，识别地面车道标线及地面菱形标识，将其作为参照特征进行定位，大电流快速充电系统则具有充电功率大、交互容差性强、防护等级高等特点。当电池组电量低至预设限值时，将按系统指令自动行驶至指定充电区与充电装置对接充电。

3. AIGT

AIGT 由车架总成、柜体总成、底盘总成、电器总成、动力系统、外饰总成组成，额定载荷65 吨，最大速度35.6 公里/时，自重约20 吨，由全锂电池提供动力，定位精度高达 ±30 毫米，是满足集装箱运输作业需求的无人驾驶集装箱拖挂车。

AIGT 系统由自动驾驶、远程驾驶、车管平台、车路协同、5G 通信、自动充电六大系统组成。

在有人驾驶的集装箱拖挂车基础上，配备智能感知设备和车载无人驾驶系统，可实现有人驾驶和无人驾驶两种模式的智能切换。

AIGT 系统结构如图 8－6 所示。

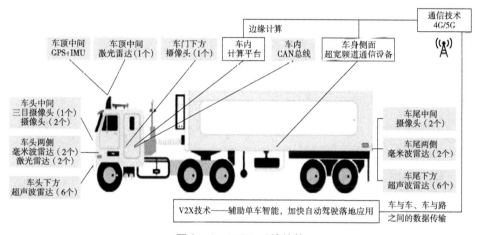

图 8－6　AIGT 系统结构

8.3.2　口岸无人驾驶系统关键技术

无人驾驶是将人工智能、机器视觉、自然语言处理、运动控制等技术与汽车科技相结合而形成的一种智慧化应用系统，涉及的关键技术有传感和识别技术、定位与制导技术、智能控制与决策技术、人机交互技术等。

1. 传感和识别技术

激光雷达、毫米波雷达、摄像头等多种传感器以及语音、图像等识别技术使无人驾驶车辆能够高效感知环境，分析交通运行态势并做出最优决策，确保自动驾驶过程的安全性和稳定性（见图 8－7）。

（1）激光雷达

利用激光束扫描周围环境，进而生成高精度三维点云图，以便获取路面、

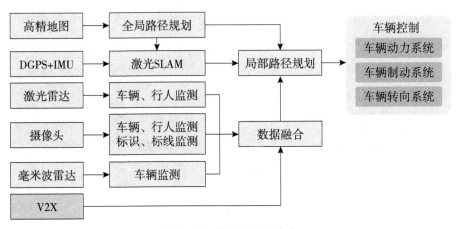

图 8 - 7　传感和识别技术

障碍物等信息。

（2）毫米波雷达

主要用于探测目标的不同方向和速度，可以有效识别运动物体并提供位置、速度等关键参数。

（3）摄像头

无人驾驶车辆通常会安装多个高分辨率相机，以获取全景图像和实时视频流，并采用计算机视觉等技术分析图像中的各种指标，如交通标识、车道线及行人等。借助高清摄像头和深度学习算法，对行人进行人脸识别并获取基本信息，用于数据分析和车辆决策。

2. **定位与制导技术**

定位与制导技术可以使自动驾驶车辆准确感知周围环境，并能够根据感知结果做出安全可靠的驾驶决策。利用全球导航卫星系统来确定车辆的地理位置和路径，在一定程度上可以提高无人驾驶车辆的精度和安全性。

自动驾驶定位系统主要分为惯性导航系统、全球导航卫星系统等多种类型。其中，惯性导航系统采用陀螺仪和加速度计来测量车体的姿态角和加速度，并通过运动方程推算车辆的位置信息；全球导航卫星系统则可以利用卫星信号来获取车辆精确的位置信息。

自动驾驶制导技术主要包括路径规划、控制命令生成、优化算法等。路径规划是指在车辆当前已知的位置基础上，根据后续路段情况，经过一系列的计算和规划，得到一条符合要求的驾驶路径。控制命令生成则是将路径规划结果转化为具体的车辆控制指令，实现自动驾驶。优化算法可提高驾驶的安全性和精度并降低能耗。

3. **智能控制与决策技术**

智能控制与决策技术是指在自动驾驶过程中，帮助实现智能化控制和决策，从而达到自主、安全、高效驾驶目的的技术。在实现自动驾驶的过程中，无人驾驶智能控制与决策技术主要包括传感技术、系统建模、建模预测、决策制定及控制指令生成等。

（1）传感技术

通过传感器采集车辆周围环境数据，然后进行自主识别、分类及融合处理，为决策过程提供准确的车辆周围环境信息。

（2）系统建模

将采集的大量数据转化成统计学模型或其他数学模型，以便系统可以更好地理解并应用感知数据，从而达到更好的决策结果。

（3）建模预测

基于历史数据和当前感知数据，通过机器学习技术生成模型来模拟和预测目标物体和行为，从而做出更为精确的决策。

（4）决策制定

根据感知数据、驾驶目标和车辆当前状态等信息，经过分析和比较，制订最优决策方案。

（5）控制指令生成

将决策方案转化成具体的控制指令，包括油门、刹车、方向盘角度等。

4. **人机交互技术**

人机交互技术是指自动驾驶汽车与人类之间进行信息交流和互动的技术，主要是通过界面设计、语音识别等手段实现人车之间的有效沟通。无人驾驶人机交互技术对于实现自动驾驶汽车的商业化具有重要意义。

（1）人机交互界面设计

将复杂的路况、车辆状态等信息以直观、易懂的方式展示给乘客或驾驶员，如虚拟仪表盘、行车记录仪、娱乐屏幕、座舱照明等，并根据不同需求进行定制化设计。

（2）语言识别技术

采用自然语言处理技术，使人和车辆能够进行语音沟通，实现车辆控制和信息查询功能等。

（3）环境适应性设计

通过分析车内环境特点，结合用户使用场景，对人机交互系统进行优化，对光线、噪声等环境参数进行调节，提高人机交互的舒适性和可操作性。

（4）用户体验度量

通过用户满意度、反馈数据等指标，衡量无人驾驶的人机交互设计效果，不断完善交互思路、逻辑等，解决交互过程中出现的各种问题。

8.4　口岸无人驾驶建设方案

8.4.1　无人驾驶设备对比

经对比分析，可以看出 AGV 与 IGV 需要在规定的轨道或线路上行驶，而 AIGT 可以在更为复杂的环境下自主导航，且拥有更快的移动速度，可以适应更多种物流运输需求。AIGT 还可以通过自主学习和适应，自主调整行驶路线和速度，比 AGV 及 IGV 更具有灵活性。无人驾驶设备对比如表 8 - 2 所示。

表 8 - 2　　　　　　　　　无人驾驶设备对比

特点	AGV	TGV	AIGT
技术成熟度	磁钉导航技术应用历史悠久，已十分成熟	AGV 基础上增加自然导航技术，近年兴起，成熟度相对较低	I4 级自动驾驶技术现处于测试运营阶段，目前发展较快
车辆成本	平均成本 300 万 ~ 400 万元	平均成本 250 万 ~ 400 万元	150 万 ~ 250 万元
20 辆车 5 年综合资金投入	约 9700 万元	约 7000 万元	约 5400 万元
年增加过货量	702 万吨		

特点	AGV	TGV	AIGT
年增加贸易额	211.3 亿元		
基础设施要求	磁导类产品对地面基建有要求，需要铺设磁钉	无特殊要求	无特殊要求，车路协同方案中需要设立路测单元
运营和维护	磁导类产品线路固定、不易更换，维护成本高	相对灵活，维护成本偏低	分布式管理，单车出现故障不会影响整体系统运行

8.4.2　无人驾驶系统组成

无人驾驶系统由车路云协同系统组成，主要采用先进的无线通信和新一代互联网等技术，可全方位实现车与车、车路动态实时信息交互，并在全时空动态交通信息采集与融合的基础上开展车辆主动安全控制和道路协同管理，充分实现人车路的有效协同，保证交通安全，提高通行效率，从而形成安全、高效和环保的交通系统。

1. 无人驾驶设备系统

无人驾驶车辆方案采用量产的 L4 级自动驾驶车辆，线控底盘可采用燃油或新能源底盘，配合自动驾驶系统，具备自主行驶、自动对位、卡口与机检通道通行、对接叉车、自动充电（新能源车型）、泊车甩挂等自动驾驶和智能作业功能。

2. 智能路侧监测系统

智能路侧监测系统具备通信、检测、监视等功能，可实现超视距感知、必要的通信信号增强、车辆引导与设施交互的自动化，满足全程监视、实时远控的需要，增强产品的应变能力，适应复杂的场景，后续维护更加便捷，工序更少、安装更高效、成本更低。

3. 车货智能调度管理平台

平台主要用于车辆设备管理、车队调度、物流系统对接、边检通关系统对接等。大屏显示模块可以提供全局运行统计、能耗统计、效率分析功能，可以对车队运行提供在线分析、运力状态显示、时效统计、充电查询、作业评估等功能，可以对单车提供实时监控、单车状态、行驶状态、障碍信息、异常处理等功能。

8.4.3 口岸无人驾驶通关流程

1. 通关检验

通关检验自中方集装箱堆场进行装箱，通过无人驾驶车辆运送到中方海关查验指定位置，进行货物称重、布控检验，之后到达境外海关卡口，进行检验，验过后到达境外堆场，无接触换装，按规定路线返回，车辆可通过智慧口岸水平运输管理平台实现全程操控及监管监控。

无人驾驶口岸水平运输示意如图 8-8 所示。

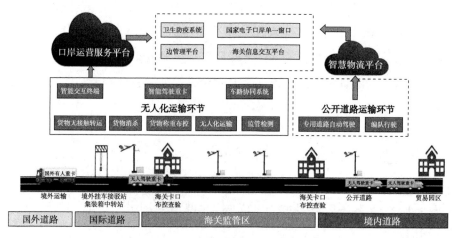

图 8-8 无人驾驶口岸水平运输示意

2. 道路行驶

道路行驶主要依托无人驾驶的多源传感器环境感知系统、视觉系统、激光雷达以及车路协同系统进行路面行驶。多源传感器环境感知系统由自研深度学习算法提取多模态特征，克服单个传感器环境适应缺陷。视觉系统、激光雷达匹配前端里程计，保证高精定位。

无人驾驶道路行驶工作原理如图 8-9 所示。

无人驾驶货物通关流程如图 8-10 所示。

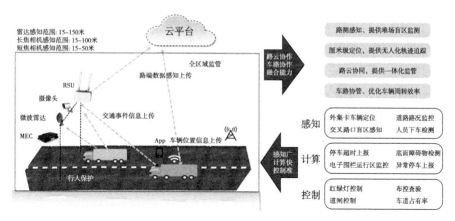

图 8-9　无人驾驶道路行驶工作原理

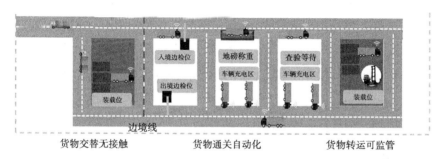

图 8-10　无人驾驶货物通关流程

8.4.4　无人驾驶商业模式

1. 销售模式

直接销售模式为项目提供软硬件一体的产品和全局化实施方案，包含车辆 + 无人驾驶系统安装及维护 + 系统操作平台 + 全套售后服务。

2. 改装模式

此种模式下，购买普通车辆时需安装智能驾驶相关设备，需要提前沟通车辆型号等相关问题，然后由提供无人驾驶技术的公司牵头负责和车厂进行技术对接。

3. 租赁模式

（1）直接融资租赁

由承租人指定设备及生产厂家，出租人购买并提供设备，承租人使用并支付租金，它以出租人保留租赁物所有权和收取租金为条件，承租人在租赁期内对租赁物拥有占有、使用和获取收益的权利。这是一种典型的融资租赁方式。

（2）经营性租赁

由出租人承担与租赁物相关的风险与收益。使用这种方式的企业不以最终拥有租赁物为目的，在其财务报表中不反映为固定资产。企业为了规避设备风险或者需要表外融资，或需要利用一些税收优惠政策时，可以选择经营性租赁方式。

（3）出售回租

又称售后回租、回租赁等，这种模式下，物件的所有权人首先与租赁公司签订《买卖合同》，将物件卖给租赁公司，取得现金，然后，物件的原所有权人作为承租人，与该租赁公司签订《回租合同》，将该物件租回，承租人按《回租合同》还完全部租金、付清物件的残值以后，重新取得物件的所有权。

（4）转租赁

以同一物件为标的物的多次融资租赁业务。在转租赁业务中，上一租赁合同的承租人同时是下一租赁合同的出租人，称为转租人。转租人向其他出租人租入租赁物件，再转租给第三人，转租人以收取租金差为目的。租赁物品的所有权归第一出租人。

（5）委托租赁

出租人接受委托人的资金或租赁标的物，根据委托人的书面委托向委托人指定的承租人办理融资租赁业务。在租赁期内租赁标的物的所有权归委托人所有，出租人只收取手续费，不承担风险。

（6）分成租赁

这是一种结合了投资的某些特点的创新性租赁形式。租赁公司与承租人在确定租金水平时，是以租赁设备的生产量与租赁设备相关收益为依据的，而不是以固定的或者浮动的利率为依据，设备生产量大或与租赁设备相关的收益高时租金就高，反之则低。

8.5 未来发展趋势及展望

习近平总书记在第二届联合国全球可持续交通大会开幕式上指出,"交通成为中国现代化的开路先锋"。应用跨境口岸无人驾驶技术,可以降低运营成本,提升通关效率,推动口岸发展,加快边腹互动,加强口岸与腹地产业园区合作,整合力量,实现从"经济通道"向"通道经济"的转变,形成完整产业链条,助力黑龙江省经济高质量发展。

未来随着技术的不断提升,无人驾驶货车的安全性、精度以及可靠性将进一步提高,它将更广泛地应用在物流市场。随着技术和政策的不断完善,无人驾驶货车将会有一个广阔的市场前景。它将对物流行业、城市交通等领域产生重要影响,并且能够进一步推动科技进步,为社会经济发展作出贡献。

参考文献

［1］秦煌凯. 智能交通系统下无人驾驶货运车辆的设计研究［D］. 沈阳：沈阳航空航天大学.

［2］常杜娟，裴亚娇. 提高口岸通关能力对策分析：以甘其毛都口岸为例［J］. 物流技术，2020，39（05）：34-37.

［3］王超. 主线科技开启完全无人驾驶卡车商业化运营［J］. 智能网联汽车，2020（05）：85-87.

［4］舒天悦. 从 AGV 到 IGV 无人集卡"变形记"［J］. 中国航务周刊，2021（25）：21-24.

［5］周亚伟，袁胜东，白永亮等. 口岸场景下大宗货物商用车无人化运输综合解决方案［J］. 传动技术，2023，37（02）：31-40.

［6］徐一波. AGV 小车引导方式的发展趋势分析［J］. 南方农机，2023，54（16）：131-134.

［7］田宇，周强，朱本飞. 自动化集装箱码头双循环 AGV 与场桥的集成调度研究［J］. 交通运输系统工程与信息，2020，20（04）：216-223；243.

［8］朱天凤，徐彬，袁山山. 一款激光雷达的光学系统设计和仿真［J］. 应用激光，2023，43（07）：123-128.

［9］陈晨，邢志祥. 结合 ISO 13849-1 的自动引导车（AGV）安全评估［J］. 自动化博览，2023，40（07）：67-71.

中国物流专家专著系列